SCHRIFTEN DER PHILOSOPHISCH-HISTORISCHEN KLASSE
DER HEIDELBERGER AKADEMIE DER WISSENSCHAFTEN

Band 57 (2017)

CHRISTOPH STROHM

Theologenbriefwechsel im Südwesten des Reichs in der Frühen Neuzeit (1550–1620)

Zur Relevanz eines Forschungsvorhabens

Universitätsverlag
WINTER
Heidelberg

Bibliografische Information der Deutschen Nationalbibliothek
Die Deutsche Nationalbibliothek verzeichnet diese Publikation
in der Deutschen Nationalbibliografie;
detaillierte bibliografische Daten sind im Internet
über *http://dnb.d-nb.de* abrufbar.

UMSCHLAGBILD

Titelblätter des Heidelberger Katechismus von 1563
in verschiedenen späteren Übersetzungen.

ISBN 978-3-8253-6763-3

Imprimé en Allemagne · Printed in Germany
Druck: Memminger MedienCentrum, 87700 Memmingen

Gedruckt auf umweltfreundlichem, chlorfrei gebleichtem
und alterungsbeständigem Papier.

Den Verlag erreichen Sie im Internet unter:
www.winter-verlag.de

Inhalt

Abb. 2: Von links oben im Uhrzeigersinn: Johannes Brenz, Daniel Tossanus, Lucas Osiander, Hieronymus Zanchi, Johannes Pappus und Pierre Boquin

Welche wissenschaftliche Bedeutung kommt der Erfassung, Dokumentation, partiellen Edition und Auswertung von Theologenbriefwechseln aus dem Südwesten des Reichs in der Frühen Neuzeit zu? Auf den ersten Blick erscheint eine solche Aufgabenstellung, zudem noch begrenzt auf die Jahrzehnte von 1550 bis 1620, eher zufällig gewählt. Die folgenden Ausführungen sollen zeigen, dass dieser Eindruck täuscht und sowohl der Forschungsgegenstand als auch die regionale und zeitliche Schwerpunktsetzung von besonderer Relevanz sind.[1] Das wird in drei größeren Gedankengängen geschehen.

Der *erste* ist der Frage gewidmet, welche besondere Relevanz der Erfassung von Briefwechseln, und zwar von Theologen aus den Jahrzehnten 1550 bis 1620, zukommt. Dabei sollen auch grundlegende Informationen über das Vorhaben gegeben werden. Der *zweite* Gedankengang soll die Stichworte Konfessionalisierung, Territorialstaatsbildung und Säkularisierung als Schlüsselbegriffe der Frühneuzeit-Geschichte, und insbesondere der Jahrzehnte 1550 bis 1620, erörtern. In einem *dritten* Gedankengang werde ich den Raum „Südwesten des Reichs" in den

1 Zwei Kollegen sind ausdrücklich zu nennen, ohne die das Vorhaben nicht hätte auf den Weg gebracht werden können: Prof. Dr. Thomas WILHELMI, langjähriger Mitarbeiter in der Bucer-Forschungsstelle der Heidelberger Akademie der Wissenschaften, hat zusammen mit zahlreichen Hilfskräften durch ausgedehnte Archivstudien die große Zahl der in Betracht kommenden Briefe eruiert. Prof. Dr. Michael GERTZ (Institut für interdisziplinäres wissenschaftliches Rechnen, Universität Heidelberg) habe ich für viele Gespräche und Unterstützung zu danken. Er hat mit seinen Mitarbeitern nicht nur die Beispieldatenbank für den Förderungsantrag entworfen, sondern entwickelt mit ihnen diese Datenbank sowie verschiedene Tools zur Auswertung weiter. Frühere Überlegungen zu dem Forschungsvorhaben finden sich in: Christoph STROHM, Südwestdeutsche Reformatorenbriefwechsel als Forschungsgegenstand, in: Matthias DALL'ASTA/Heidi HEIN/Christine MUNDHENK (Hg.), Philipp Melanchthon in der Briefkultur des 16. Jahrhunderts, Heidelberg 2015, S. 35-49.

Blick nehmen und seine besondere Bedeutung für die europäische Reformationsgeschichte herausarbeiten. Der Südwesten des Reichs war alles andere als ein Randgebiet, und den Territorien Württemberg und der Kurpfalz sowie der Reichsstadt Straßburg kam eine bislang nicht ausreichend gewürdigte Bedeutung für die europäische Reformationsgeschichte zu. Unter anderem geht es dabei um den Sachverhalt der produktiven Kraft konfessioneller Konkurrenz (auf engem Raum).

1. Zur Digitalisierung frühneuzeitlicher Korrespondenzen

Seit einigen Jahren erfolgt eine umfassende Digitalisierung der gedruckten Werke des 16. und 17. Jahrhunderts. Nicht nur google.books und das Digitalisierungsprogramm der Bayerischen Staatsbibliothek, sondern auch zahlreiche andere Einrichtungen sind dabei, einen rasant anwachsenden Bestand an Texten im Netz greifbar und teilweise auch durchsuchbar zu machen. Es handelt sich dabei im Wesentlichen um Drucke, die in mehr oder weniger vielen Exemplaren in verschiedenen Bibliotheken erhalten geblieben sind. Das umfassende Verzeichnis aller bekannten, im zusammenhängenden deutschen Sprachgebiet von 1501 bis 1600 gedruckten Bücher (VD 16) umfasst derzeit ca. 105.000 Titel (davon ca. 27.000 Supplementaufnahmen).[2] Im April 2012 waren bereits 30 % aller Drucke, die im VD 16 erfasst sind, mit einem Link auf das Volldigitalisat versehen. Laut Statistik vom April 2016 sind jetzt 61.746 von insgesamt 104.972 Titeln mit ei-

2 https://www.bsb-muenchen.de/sammlungen/historische-drucke/recherche/vd-16/ [Zugriff: 22.12.2016].

nem Digitalisat versehen, das heißt 58,82 %.[3] Das bedeutet, dass sich die Zahl der digitalisierten Drucke, die im VD 16 erfasst sind, in den letzten Jahren fast verdoppelt hat. Im Blick auf das Verzeichnis der im deutschen Sprachraum erschienenen Drucke des 17. Jahrhunderts (VD 17), das die Drucke der Jahre 1601 bis 1700 erfasst, dürfte der Prozentsatz der digitalisierten Texte ähnlich hoch sein.

Ganz anders verhält es sich mit Korrespondenzen des 16. und 17. Jahrhunderts. Es gibt weder eine systematische Erfassung, die über einzelne Briefcorpora hinausgeht, noch eine umfassende Digitalisierung.[4] Als Ausnahmen wären hier lediglich die Widmungsbriefe, die Drucken im 16. und 17. Jahrhundert vorangestellt wurden, zu nennen, sowie einzelne gedruckte Briefsammlungen, die sich zum Beispiel unter Humanisten einer großen Beliebtheit erfreuten. In modernen, gedruckten Editionen ist lediglich ein Teil der Korrespondenzen der ersten und zweiten Generation der Reformatoren greifbar, ferner die Briefwechsel einzelner herausragender Gelehrter wie Erasmus, wichtiger Juristen wie Bonifacius Amerbach oder auch von Fürsten und Politikern. Digitalisierte Fassungen gibt es hier nur sehr selten.

Vereinzelt sind einschlägige Briefwechsel der Reformationszeit in Form von rudimentären Datenbanken im Internet erschlossen. So ist der mengenmäßig wohl umfangreichste Reformatorenbriefwechsel im 16. Jahrhundert neben dem Melanchthons, der Briefwechsel des Züricher Reformators Heinrich Bullinger, in begrenzter Weise konsultierbar. Erfasst sind nicht die einzelnen Briefe und deren Inhalt, sondern lediglich sämtliche Kor-

3 Schriftliche Auskunft von Dr. Ulrike BAYER (Leitung der Arbeitsstelle VD 16 an der Bayerischen Staatsbibliothek) an Dr. Stephen BUCKWALTER am 18. Oktober 2016.

4 Vgl. die Beiträge in: Anne BOHNENKAMP/Elke RICHTER (Hg.), Brief-Edition im digitalen Zeitalter (Beihefte zu editio, 34), Berlin/Boston 2013.

respondenzpartner und -orte sowie die Briefzahl und der Korrespondenzzeitraum.[5] Da bislang nur ein kleiner Teil der Briefe editorisch bearbeitet ist, kann die Erfassung lediglich in provisorischer Weise erfolgen. Hingegen ist der in der gedruckten Edition weit fortgeschrittene Briefwechsel Theodor Bezas weitgehend vollständig in einer Datenbank erfasst und im Volltext durchsuchbar.[6] Dem Ziel umfassender Recherchemöglichkeiten gleichfalls nahe kommt die von der Forschungsstelle „Edition des Briefwechsels Philipp Melanchthons“ an der Heidelberger Akademie der Wissenschaften ins Netz gestellte Datenbank des Briefwechsels.[7] Hier ist jedoch ebenso wenig der digitalisierte Text der Briefe durchsuchbar, sondern lediglich die – allerdings hervorragend erarbeiteten – Regesten.[8] Darüber hinaus finden sich weitere Korrespondenz-Datenbanken sehr unterschiedlicher Ausrichtung und Dichte – meist zu einzelnen Personen. Neben Theologen werden auch Juristen, Artisten und Mediziner der Frühen Neuzeit erfasst.[9]

[5] http://www.irg.uzh.ch/hbbw/datenbank.html [Zugriff: 1.9.2015].

[6] http://e-librairie.droz.org/calvin/ [Zugriff: 1.9.2015].

[7] http://www.haw.uni-heidelberg.de/forschung/forschungsstellen/melanchthon/mbw-online.de.html [Zugriff: 1.9.2015].

[8] Melanchthons Briefwechsel. Kritische und kommentierte Gesamtausgabe, im Auftrag der Heidelberger Akademie der Wissenschaften hg. von Heinz Scheible, seit Band T 11 von Christine Mundhenk, Bde. 1-12 [Regesten, Orte und Personen A-K], Bde. T 1-17 [Texte, bis 1547], Stuttgart-Bad Cannstatt 1977-2016.

[9] In dem Langzeitvorhaben der Bayerischen Akademie der Wissenschaften „Frühneuzeitliche Ärztebriefe des deutschsprachigen Raums (1500-1700)“ werden Briefwechsel akademisch gebildeter Ärzte des historischen deutschen Sprachraums aus der Zeit zwischen 1500 und 1700 in einer Datenbank „erfasst und inhaltlich erschlossen“. Laut Homepage umfasst die Datenbank derzeit über 25.000 „Gelehrten-, Privat- und Patientenbriefwechsel, Korrespondenzen mit den Dienstherren wie Bewerbungen, Petitionen, Berichte, Gutachten u.ä.“ (http://www.medizingeschichte.uni-wuerzburg.de/akademie/index.html [Zugriff: 1.9.2015]).

Die mit Abstand umfassendste, gegenwärtig bereits über 114.000 Einträge umfassende Korrespondenzdatenbank wird seit einigen Jahren unter Leitung des Oxforder Historikers Howard Hotson aufgebaut.[10] Dieses „Early Modern Letters Online“ (EMLO) genannte Unternehmen wertet systematisch Verzeichnisse und Auflistungen von Korrespondenzen (im Wesentlichen) des 17. Jahrhunderts aus. Die in den Verzeichnissen notierten Stichworte zum Inhalt werden mitaufgenommen und vereinzelt wird auch der digitalisierte Text von Briefen, die meist im 17. oder 18. Jahrhundert gedruckt wurden, geboten. Mittelfristiges Ziel der Oxforder Datenbank ist „to become the first union catalogue of sixteenth-, seventeenth-, and eighteenth-century letters“.[11] Im Zuge einer Kooperation mit dem an der Stanford University angesiedelten Projekt „Mapping the Republic of Letters“ wird auch an der Entwicklung von Programmen zur Verknüpfung unterschiedlicher Datensätze (mit geographischen Bezügen) und deren Visualisierung gearbeitet.[12] Gute Recherche- und Visualisierungstools bietet eine in den Niederlanden unter dem Titel „ePistolarium“ erstellte Sammlung von ca. 20.000 Briefen aus dem 17. Jahrhundert.[13] Hierbei handelt es sich um niederländische Korrespondenzen, die für die Rekonstruktion der „Circulation of Knowledge and Learned Practices in the 17th-century Dutch Republic“ relevant sind.

Seit April 2014 wird von der TELOTA-Arbeitsgruppe an der Berlin-Brandenburgischen Akademie der Wissenschaften (BBAW) der Webservice einer Plattform zur Durchsuchung von Verzeichnissen von Briefeditionen mit dem Namen corresp-

10 http://emlo.bodleian.ox.ac.uk/ [Zugriff: 1.9.2015].

11 http://emlo.bodleian.ox.ac.uk/about [Zugriff: 1.9.2015].

12 http://www.stanford.edu/group/toolingup/rplviz/ [Zugriff: 1.9.2015]; http://republicofletters.stanford.edu/ [Zugriff: 1.9.2015].

13 http://ckcc.huygens.knaw.nl/ [Zugriff: 1.9.2015].

Search entwickelt und bereitgestellt. Es handelt sich hier um ein reines Korrespondenz-Verzeichnis, die Aufnahme digitalisierter Texte ist nicht vorgesehen. Gegenwärtig sind durch den Webservice correspSearch 19.403 Briefe aus der Zeit zwischen dem 18. Januar 1546 und dem 11. November 1974 erfasst. Zugrunde liegt diesem von einer Arbeitsgruppe an der Berlin-Brandenburgischen Akademie der Wissenschaften initiierten Vorhaben die Auswertung von 74 Editionen und Publikationen.[14]

Der Überblick zeigt den Sachverhalt, dass es in den letzten Jahren verschiedene Initiativen zur Erfassung von Briefwechseln gegeben hat. In kleinem Umfang betrifft das auch die Frühe Neuzeit. In vielen Fällen erfolgt lediglich die Aufnahme der Eckdaten, nicht aber des digitalisierten Textes. Es handelt sich nur um einen kleinen Anfang bei einer den Drucken vergleichbaren Texterschließung.

Der skizzierte Befund ist umso bedauerlicher, als es sich bei Briefwechseln um ein Quellencorpus sui generis mit besonderem Erkenntniswert handelt. In einem Brief an einen ausgewählten Korrespondenzpartner erfährt man meist mehr über Motive, Hintergründe oder auch Sachverhalte des Alltags als in gedruckten Werken. Vertrauliche Urteile über andere Personen oder brisante Sachverhalte sind in Briefen zu lesen, nicht in gedruckten Werken. In der Frühen Neuzeit kommt den Korrespondenzen darüber hinaus eine besondere Bedeutung zu. Briefe hatten angesichts einer kaum vorhandenen Verkehrsinfrastruktur eine ganz andere Bedeutung in der Kommunikation, als uns das heute vor Augen steht. Freundschaften konnten nicht durch

[14] Unter anderem die Berlin-Brandenburgische Akademie der Wissenschaften fördert die Entwicklung der XML-Datenbank eXistdb, die Grundlage von zahlreichen XML-basierten digitalen Ressourcen der deutschen Wissenschaftsakademien ist: http://exist-db.org/exist/apps/homepage/index.html [24.10.2016].

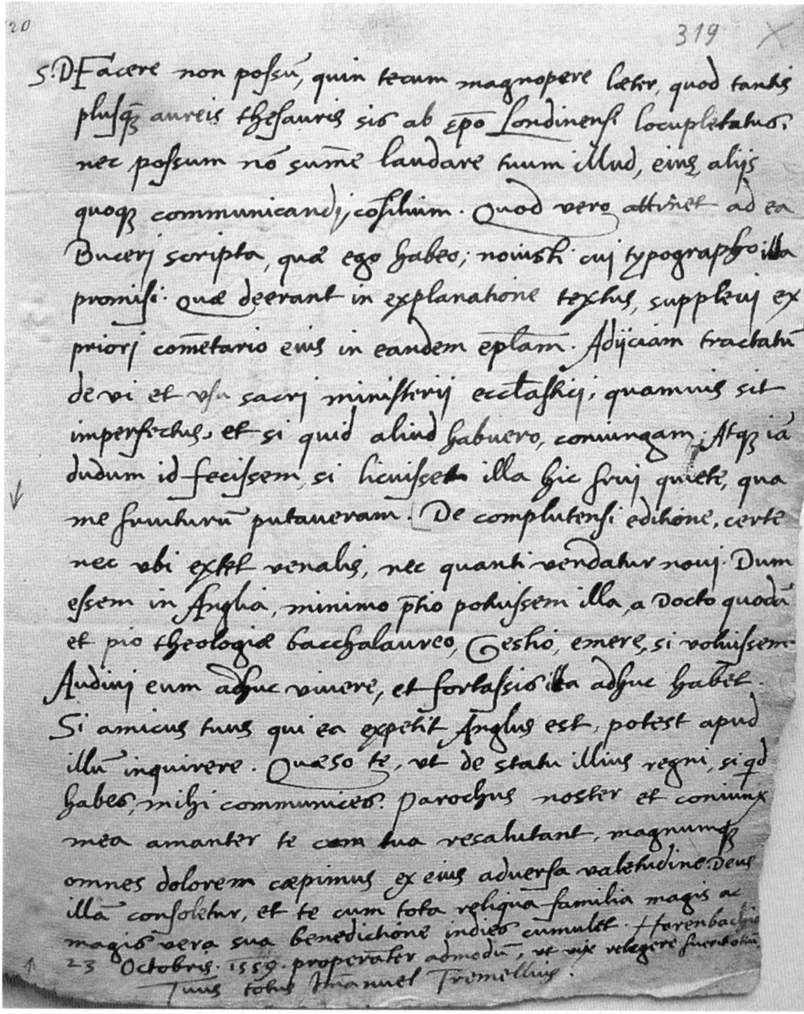
S. D. Facere non possum, quin tecum magnopere laeter, quod tantis
plusq[ue] aureis thesauris sis ab Epo Londinensi locupletatus.
nec possum non summe laudare tuum illud, eius aliis
quoq[ue] communicandi consilium. Quod vero attinet ad ea
Buceri scripta, quae ego habeo; novisti cui typographo illa
promisi. Quae deerant in explanatione textus, suppleui ex
priori cometario eius in eandem epistolam. Adijciam tractatum
de vi et usu sacri ministerij ecclesiastici, quamvis sit
imperfectus, et si quid aliud habuero, coniungam. Atq[ue] iam
dudum id fecissem, si licuisset illa hic frui quiete, qua
me fruiturum putaueram. De complutensi editione, certe
nec ubi extet venalis, nec quanti vendatur novi. Dum
essem in Anglia, minimo precio potuissem illa, a docto quodam
et pio theologiae baccalaureo, Gestio, emere, si voluissem.
Audivi eum adhuc vivere, et fortassis illa adhuc habet.
Si amicus tuus qui ea expetit Anglus est, potest apud
illum inquirere. Quaeso te, ut de statu illius regni, si quid
habes, mihi communices. Parochus noster et coniunx
mea amanter te cum tua resalutant, magnumq[ue]
omnes dolorem cepimus ex eius aduersa valetudine. Deus
illam consoletur, et te cum tota reliqua familia magis ac
magis vera sua benedictione indies cumulet. Horenbachii
23 Octobris 1559. properanter admodum, ut vix relegere fuerit otium.
Tuus totus Immanuel Tremellius.

Abb. 3: Brief des Heidelberger Theologieprofessors Immanuel Tremellius an Konrad Hubert in Straßburg, 23.10.1559 regelmäßige Treffen beziehungsweise Besuche gepflegt werden, sondern lebten oft fast ausschließlich durch einen intensiven Briefwechsel. Im Blick auf die Reformationsgeschichte ist dieser Sachverhalt erst ansatzweise im Bewusstsein. Weithin anerkannt ist die außerordentlich wichtige Rolle bei der Ausbreitung reformatorischen Gedankenguts. Daneben war aber auch der Sachverhalt relevant, dass die Akteure das Medium der Korrespondenz nutzten, um sich miteinander auszutauschen und abzustimmen. Bernd Moeller hat den Sachverhalt wie folgt beschrieben: „In der Forschung ist dieses Merkmal der Reformation bisher als solches noch kaum recht wahrgenommen, geschweige denn untersucht: Daß ein Großteil der persönlichen und sachlichen Beziehungen, die die Reformation zu einer geschichtlichen Bewegung machten, durch Briefe hergestellt und gepflegt worden ist, und daß der Brief, als ein zweites literarisches Medium neben dem Buchdruck, erst neuerdings zur Verfügung gestellt worden war. Ähnlich wie das gedruckte Buch war der Brief im frühen 16. Jahrhundert ein in gewisser Hinsicht noch unverbrauchtes literarisches Medium. Erst kürzlich hatten die Humanisten ihn in seiner literarischen Qualität gewissermaßen wiederentdeckt, in Gebrauch genommen und kultiviert. Maßgeblich mit Hilfe von Briefen war der Humanismus zu einer Ideen- und Gesinnungsgemeinschaft geworden, die Humanisten hatten die Möglichkeiten, die der Brief als Kommunikationsmittel bot, ungemein erweitert, bei ihnen war das Briefschreiben zu einer Kunst geworden. Die literarische Errungenschaft dieser Briefkultur aber stand nun zu neuer Verwendung bereit; sie gehörte zu dem Potential, das der Humanismus bereitstellte, um die Reformation zu ermöglichen. [...] Ein dicht geknüpftes Netzwerk der Korrespondenz, ein fortwährender brieflicher Mitteilungs- und Meinungsaustausch kennzeichnete die Reformation überhaupt. Das ist für alle Reformationszentren zu belegen, für Wittenberg und Zürich, Breslau und Königsberg, Nürnberg und Genf ebenso wie für Straßburg und Konstanz."[15]

Diese Bemerkungen unterstreichen die Notwendigkeit, den Briefwechseln der Reformationszeit und der folgenden Jahrzehnte besondere Aufmerksamkeit zu widmen. In dem Forschungsvorhaben „Theologenbriefwechsel im Südwesten des Reichs in der Frühen Neuzeit (1550-1620)" muss es zuerst einmal darum gehen, eine nach klaren Kriterien ausgewählte, große Zahl von Briefwechseln zu erfassen und teilweise zu edieren. Ansatzweise und begleitend zur Erfassung und Teiledition ist auch eine Auswertung in Gestalt von Dissertationen zu leisten.[16] Folgende Kriterien sind bei der Auswahl der zu erfassenden Briefwechsel leitend: Es handelt sich um die Briefwechsel von *Theologieprofessoren und kirchenleitenden Personen*, die im Zeitraum *von 1550 bis 1620* eine maßgebliche Rolle *im Südwesten des Reichs*, das heißt in Württemberg, der Kurpfalz oder Straßburg, gespielt haben. Das sind im Wesentlichen die Theologieprofessoren, die in diesem Zeitraum an den Universitäten Heidelberg, Tübingen und der Straßburger Akademie tätig waren, sowie die Mitglieder des Kirchenrats und die sonstigen leitenden Geistlichen, im Wesentlichen Superintendenten und Hofprediger.[17] Elementar für das Konzept ist, dass *Vollständigkeit* angestrebt wird. Das heißt, wir gehen nicht so vor, dass wir danach suchen, von welchen

[15] Bernd MOELLER, Bucer und die Geschwister Blarer, in: Christian KRIEGER/Marc LIENHARD (Hg.), Martin Bucer and sixteenth century Europe. Actes du colloque de Strasbourg (28-31 août 1991), 2 Bde., Leiden/New York 1993 (SMRT 52f.), Bd. 1, S. 441-450, hier: S. 441f.

[16] Ebenfalls müssen Tools zur Auswertung der gewonnenen Daten entwickelt bzw. weiterentwickelt werden.

[17] Unter den Mitgliedern des wichtigsten kirchenleitenden Gremiums in der Kurpfalz, des Kirchenrats, befanden sich auch Juristen und der Medizinprofessor Thomas Erastus. Auch sie werden berücksichtigt.

Personen in einzelnen Archiven (wie zum Beispiel dem Hauptstaatsarchiv Stuttgart) die meisten Briefe erhalten sind, und diese dann edieren. Vielmehr wird nach weiteren Briefen der nach den oben genannten Kriterien ausgewählten Personen auch in entlegenen Sammlungen gesucht, selbst wenn das aufwendig und mitunter vergeblich ist. „Vollständigkeit" meint auch die Briefe, die die betreffenden Personen *vor oder nach* ihrer Wirksamkeit im Südwesten, zum Beispiel an der Universität Heidelberg, geschrieben beziehungsweise empfangen haben. Deren Briefwechsel wird möglichst vollständig erfasst, und das heißt, auch Briefe der betreffenden Theologen aus den Zeiten vor 1550 oder aus Perioden einer Tätigkeit außerhalb des Südwestens werden berücksichtigt.

Das Ziel einer Vollständigkeit kann natürlich nur angestrebt – geschweige denn erreicht – werden, wenn auf Abgrenzbarkeit geachtet wird. Das bedeutet die Begrenzung auf Theologieprofessoren und kirchenleitend tätige Personen der genannten südwestdeutschen Territorien mit ihren Hochschulen, und zwar auf im Zeitraum von 1550 bis 1620 wirkende.

Nur wenn man den Anspruch auf Vollständigkeit erhebt, lassen sich vergleichende Analysen durchführen, zum Beispiel zwischen dem lutherischen Württemberg und der reformierten Kurpfalz, hoffentlich später auch einmal mit katholischen Territorien und anderen Berufsgruppen (insbesondere Juristen!). Nur dann lassen sich Netzwerkanalysen durchführen oder verlässliche Aussagen über regionale Schwerpunkte, zeitliche Muster und Veränderungen der Korrespondenzpartner und Themen sowie andere Sachverhalte treffen. Beispielsweise können die Entwicklungen der Beziehungen zwischen der Kurpfalz und den Niederlanden sichtbar gemacht werden.

Um einen vorläufigen Überblick über die Anzahl der relevanten Personen und ihre Briefwechsel zu bekommen, sind Sammelwerke, Lexika, Pfarrerbücher[18] sowie die einschlägigen Werke zur Kirchengeschichte Württembergs, der Kurpfalz und Straßburgs sowie zur Universitätsgeschichte Heidelbergs, Tübingens und der Straßburger Akademie ausgewertet worden. Ferner sind die wichtigsten Bestände in den relevanten Archiven ansatzweise durchsucht worden.[19] Nach dieser umfassenden, gleichwohl vor-

[18] Vgl. bes. Baden-Württembergisches Pfarrerbuch, hg. im Auftrag des Vereins für Kirchengeschichte in der Evang. Landeskirche in Baden und des Vereins für württembergische Kirchengeschichte, Bd. I: Kraichgau-Odenwald: Pfarrerbuch für die Gebiete der Kraichgauer und Odenwälder Ritterschaft, der Grafschaft Wertheim, der Reichsstädte Heilbronn und Wimpfen, sowie der im schwäbisch-fränkischen Raum liegenden Besitzungen des Erzbistums Mainz, der Bistümer Speyer, Worms und Würzburg und des deutschen Ritterordens, Tl. 1: Die Gemeinden, ihre Pfarr- und Schulstellen von der Reformation bis zum Beginn des 19. Jahrhunderts, bearb. v. Max-Adolf CRAMER unter Mitw. v. Heinz SCHUCHMANN, Karlsruhe 1979; Tl. 2: Die Pfarrer und Lehrer der höheren Schulen von der Reformation bis zum Beginn des 19. Jahrhunderts, Karlsruhe 1988; Bd. II: Pfarrerbuch Württembergisch Franken, Tl. 1, bearb. v. Max-Adolf CRAMER, Stuttgart 1985; Tl. 2, bearb. v. Otto HAUG unter Mitarb. v. Max-Adolf CRAMER/Marlene HOLTZMANN, Stuttgart 1981; Tl. 3, bearb. v. Max-Adolf CRAMER/Dorothea CRAMER-HÖRNIG, Stuttgart 1993; Bd. III: Pfarrerbuch innerwürttembergische Reichsstädte, bearb. v. Max-Adolf CRAMER, Stuttgart 1991; Bd. IV: Baden-Baden: Pfarrerbuch für die Markgrafschaft Baden-Baden, die Grafschaft Eberstein, die Herrschaft Lahr-Mahlberg, die Herrschaft Geroldseck und die Herrschaft Oberkirch, 3 Tle., bearb. v. Max-Adolf CRAMER, Karlsruhe 1995; Georg BIUNDO, Die evangelischen Geistlichen der Pfalz seit der Reformation (Pfälzisches Pfarrerbuch) (Genealogie und Landesgeschichte, 15 = Bibliothek familiengeschichtlicher Quellen, 20), Neustadt an der Aisch 1968; Heinrich NEU, Pfarrerbuch der evangelischen Kirche Badens von der Reformation bis zur Gegenwart, Tl. 1, Lahr 1938; Tl. 2: Das alphabetische Verzeichnis der Geistlichen mit biographischen Angaben (VVKGB 13), Lahr 1939; Christian SIGEL, Das Evangelische Württemberg. Seine Kirchenstellen und Geistlichen von der Reformation an bis auf die Gegenwart, 14 Bde., Typoskript 1919-1932.

[19] Vgl. auch Max GRAFF/Thomas WILHELMI, Theologen-Briefwechsel des 16./17. Jahrhunderts. Zum Vorgehen bei deren Sammlung und Erschließung, in: DALL'ASTA/HEIN/MUNDHENK (Hg.), Melanchthon (s. Anm. 1), S. 51-70.

läufigen Recherchetätigkeit gehen wir von einer Zahl von 100 relevanten Personen mit ungefähr 35.000 Briefen aus. Die Liste der wichtigsten Fundorte von relevanten Korrespondenzen umfasst ca. 80 Archive, Bibliotheken und Sammlungen.

Eine Sonderform der Gattung Brief sind die Widmungsbriefe beziehungsweise Vorreden in Briefform, die Drucken beigegeben sind. Bei einigen wenigen der relevanten Personen wie zum Beispiel Jakob Andreä ist eine beträchtliche Zahl solcher Texte erhalten. Berücksichtigt man etwa von den 400 bekannten Andreä-Drucken[20] nur jene, die keine Neuauflagen beziehungsweise unter Andreäs Betreuung angefertigte Dissertationen sind, kommt man auf eine Zahl von ca. 110 Drucken, von denen die gute Hälfte solche Widmungsbriefe, Briefe an den Leser oder ähnliche enthält. Im Durchschnitt sind diese ca. 8 bis 10 Druckseiten lang. Ähnliche Befunde ergeben sich bei Johannes Brenz, Jakob Heerbrand und Erhard Schnepf.

Angesichts der gewaltigen Zahl von 35.000 Briefen ist es selbstverständlich, dass diese nur zu einem Teil digitalisiert oder gar ediert werden können. Insgesamt werden fünf unterschiedliche Ziele verfolgt:

1) *Datenbanksystem*. Mithilfe moderner Datenbanktechnologien soll eine möglichst große Zahl von Briefen (ca. 35.000) effizient erfasst und verwaltet werden. Neben Basisdaten zu Briefen wie Absender, Adressat, Datum, Sprache, Aufbewahrungsort, Incipit etc. werden auch Schlagworte zum Inhalt eingegeben. Die zugrunde liegende Datenbank wird von Anfang an kompatibel zu bereits existierenden Projekten vergleichbarer Art entwickelt.

20 Vgl. Hermann EHMER, Andreae, Jakob (Endris, Schmid), in: Die deutsche Literatur. Biographisches und bibliographisches Lexikon, unter Mitarb. zahlreicher Fachgelehrter hg. von Hans-Gert ROLOFF, Reihe II: Die Deutsche Literatur zwischen 1450 und 1620, Bd. 2, Lieferung 6-10, Stuttgart-Bad Cannstatt 1991, S. 695-737.

Hierzu gehört insbesondere die Oxforder Datenbank zu Briefwechseln des 17. Jahrhunderts „Early Modern Letters Online“ (EMLO).[21] Dabei werden zwei Teilziele verfolgt: (1) Mithilfe einer Metasuchmaschine sollen mehrere Korrespondenz-Datenbanken[22] gemeinsam durchsucht werden können, analog einer Funktion, wie sie beispielsweise vom Karlsruher Virtuellen Katalog für Bibliothekskataloge oder dem Trierer Wörterbuchnetz für historische Wörterbücher unterstützt wird.[23] Das sollte ausgehend von der erwähnten, an der Berlin-Brandenburgischen Akademie der Wissenschaften entwickelten Plattform zur Durchsuchung von Verzeichnissen von Briefeditionen mit dem Namen correspSearch erfolgen. (2) Durch die Erweiterbarkeit des zugrundeliegenden Datenbankschemas sollen Verknüpfungen zu anderen, für dieses Projekt relevanten Datenbeständen ermöglicht werden.

2) *Online-Dokumentation der Korrespondenzen im Bildformat.* Die Korrespondenzen der *wichtigsten Akteure* werden möglichst vollständig online dokumentiert (ca. 10.000). Die Präsentation ist in die Datenbank integriert und umfasst neben den Basisdaten und Schlagworten zum Inhalt (siehe oben Nr. 1) eine hochauflösende bildliche Wiedergabe der Vorlage (Manuskript oder gegebenenfalls eine im 16. bis 18. Jahrhundert gedruckte Fassung; siehe Beispiel oben S. 14, Abb. 3).

3) *Online-Dokumentation der Korrespondenzen im Textformat.* Unter den 10.000 Briefen, die im Bildformat erscheinen,

[21] Siehe oben Anm. 10.

[22] Hier ist zuerst an die Briefwechsel Philipp Melanchthons (s. Anm. 7f.), Heinrich Bullingers (s. Anm. 5) und Theodor Bezas (s. Anm. 6) zu denken.

[23] Vgl. Thomas Burch/Andrea Rapp, Das Wörterbuch-Netz. Verfahren – Methoden – Perspektiven, in: Geschichte im Netz. Praxis, Chancen, Visionen. Beiträge der Tagung .hist 2006, hg. für Clio-online von Daniel Burckhardt et al. (Historisches Forum, 10/I), Berlin 2007, S. 607-627.

werden 2.500 ausgewählt, die zusätzlich in einer Textfassung geboten werden. Über den reinen Text hinaus werden nur rudimentäre Informationen etwa in Gestalt eines Regests beigegeben.

4) *Vollständige Edition und Bereitstellung zum Druck.* Für die Gesamtfragestellung zentrale und besonders einflussreiche Texte werden mit Einleitungen und textkritischem Apparat versehen sowie zurückhaltend kommentiert und für den Druck vorbereitet (ca. 1000). Die Auswahl erfolgt entsprechend inhaltlicher Bedeutsamkeit, und das heißt in erster Linie entsprechend der Relevanz für die Erhellung der Motive, Mechanismen, Kommunikationsstrukturen und politischen Wirkungen der Konfessionalisierung. Aus dem Bereich Württemberg sollen insbesondere berücksichtigt werden: Johannes Brenz[24] und Jakob Andreä; aus der Kurpfalz Zacharias Ursinus, Kaspar Olevian, Thomas Erastus, David Pareus, Hieronymus Zanchi, Heinrich Alting sowie Abraham Scultetus; aus Straßburg insbesondere Johannes Marbach und Johannes Pappus. Ungefähr zwei Jahre nach der Drucklegung sind diese vollständig zur Edition vorbereiteten Stücke kostenfrei auszudrucken beziehungsweise im Print-on-demand-Verfahren zur Verfügung zu stellen.[25]

24 BRENZ hat bis zu seinem Tod im Jahr 1570 eine zentrale Rolle bei der Reformation Württembergs gespielt. Die umfangreiche Sammlung der Texte seines Briefwechsels durch den langjährigen Leiter des Landeskirchlichen Archivs in Stuttgart, Prof. Dr. Hermann EHMER, konnte für die Vorbereitung des vorliegenden Antrags dankenswerter Weise genutzt und seither um ca. 150 Stücke ergänzt werden.

25 Die Texteingabe und Annotierung erfolgt mit dem *Classical Text Editor*, einer bewährten, spezialisierten Software, die bei einfacher Handhabung in der Eingabe sowohl für typographisch hochwertige Druckeditionen in allen benötigten Schriftsystemen (rechts- wie linksläufig) als auch digitale Editionen konzipiert ist und dabei nicht nur die benötigte Anzahl von Apparaten, sondern auch die Marginalangaben verwalten kann. Darüber hinaus bietet der *Classical Text Editor* eine wohl einzigartig umfangreiche Funktionalität zur Indexerstellung, die auch schon im Arbeitsprozess die Erschließung der Texte wesentlich erleichtern kann. Die elektronische Version der geplanten Edition wird auf aus dem *Classical Text*

5) *Auswertung, Extraktion und Verknüpfung von Daten.* Mit der Erfassung und Edition der Daten soll eine erste Auswertung erfolgen. Dies geschieht wesentlich dadurch, dass für jeweils drei Jahre auch Promovierende an dem Projekt mitarbeiten. Dabei geht es zuerst um die Zusammenhänge von Konfessionalisierung, Territorialstaatsbildung und Säkularisierung. Darüber hinaus sollen in Zusammenarbeit mit Michael Gertz vom Interdisziplinären Zentrum für wissenschaftliches Rechnen (IWR) der Universität Heidelberg informationstechnologische Auswertungsmöglichkeiten genutzt werden.[26] Unter Verwendung neuer Verfahren der Informationsextraktion aus historischen Texten werden weitere Daten aus den Brieftexten und Regesten abgeleitet. Hierbei stehen insbesondere Ortsbezeichnungen, Datumsangaben und Namen von Personen und Organisationen im Vordergrund. Diese Daten

Editor exportierten XML-Dateien im TEI-Format basieren, die für die gewünschte Darstellung verarbeitet werden können.

[26] Hierzu wird als editoriales Backend die Infrastruktur des Projekts „Early Modern Letters Online" (EMLO) übernommen, welche über das Portal Cultures of Knowledge (http://www.culturesofknowledge.org/ [Zugriff: 1.9.2015]) als Open Source Software zur Verfügung steht. Dieses Backend wird derzeit von vielen ähnlich gearteten Projekten verwendet und bietet eine umfangreiche Datenbank-basierte Funktionalität, die insbesondere auf qualitativ hochwertige editoriale Tätigkeiten ausgelegt ist. So wird beispielsweise in der Datenbank festgehalten, wer wann welche Eingaben oder Änderungen gemacht hat. Die Auswahl dieser Infrastruktur ermöglicht u. a. auch in einer frühen Phase des Projekts, qualitativ hochwertige Daten (zum Beispiel zu Personen und historischen Orten) mit anderen Projekten, nach Prüfung durch das Editorenteam, auszutauschen. In der ersten Phase des Projekts erfolgt eine Anpassung des Backends und der Benutzerschnittstellen auf die deutsche Sprache sowie eine Erweiterung des zugrunde liegenden Datenmodells zur Handhabung unsicherer Informationen. Letztere werden bisher in Datenbanken zu editorialen Tätigkeiten unzureichend oder gar nicht unterstützt, obwohl derartige Informationen häufig auftreten, zum Beispiel wenn unklar ist, wann ein Brief genau verfasst wurde oder wer die Adressaten sind. Eine Herausforderung ist, unsichere Informationen entsprechend bei Anfrageszenarien an die Datenbank zu berücksichtigen und dem Nutzer darzustellen.

werden auf geeignete Weise mit den manuell erfassten Daten verknüpft und geprüft, um ein Korrespondenz-Netzwerk zu erstellen, das die Kommunikationsstrukturen in verschiedenen Detaillierungsgraden über die Zeit repräsentiert. Dieses Netzwerk, welches geographisch abgebildet werden kann (zum Beispiel auf historischem Kartenmaterial), wird mit weiteren externen Daten verknüpft (zum Beispiel Universitätsgeschichte und Lehrstuhlinhaber), um dem Benutzer über die Brieftexte hinausgehende Informationen zur Analyse verschiedenster Kontexte von Briefen, Personen, Orten und Korrespondenzen zu ermöglichen.

2. Konfessionalisierung, Territorialstaatsbildung und Säkularisierung in der Frühen Neuzeit (1550-1620)

Im Folgenden soll erläutert werden, in welcher Hinsicht Theologenbriefwechsel der zweiten Hälfte des 16. und des beginnenden 17. Jahrhunderts einen wichtigen Forschungsgegenstand darstellen und ihre Erschließung und Auswertung einen signifikanten Erkenntnisfortschritt bei der Erforschung der Geschichte der Frühen Neuzeit darstellen.

Die Jahrzehnte vor dem Beginn des Dreißigjährigen Krieges, die Zeit zwischen 1550 und 1620, gehören traditionell zu den Zeiträumen, die weniger Aufmerksamkeit in der Forschung finden als andere. Die Reformationszeit im engeren Sinn, das heißt die erste Hälfte des 16. Jahrhunderts, hingegen ist eine der eingehend erforschten Perioden der deutschen Geschichte, insbesondere auch unter geistesgeschichtlich interessierten Zugängen. In den letzten Jahrzehnten haben sich hier jedoch Veränderungen ergeben. Im Umkreis des 450-jährigen Jubiläums des Augsburger Religionsfriedens von 1555 im Jahr 2005 sind gerade auch die

Abb. 4: Die Territorien des Reichs um 1550

unterschiedlichen Modelle, konfessionell aufgeladene Konflikte in der Frühen Neuzeit rechtlich einzugrenzen beziehungsweise zu befrieden, genauer erörtert worden.[27] Das Heilige Römische Reich Deutscher Nation mit seinem Modell, konfessionell einheitliche Territorien in einem gemischt konfessionellen Reich zusammenwirken zu lassen, ist neu gewürdigt worden, auch wenn die Friedensordnung nach 1618 nicht mehr getragen hat.[28] Trotz

[27] Vgl. exemplarisch Axel GOTTHARD, Der Augsburger Religionsfrieden (RST 148), Münster 2004; Eike WOLGAST, Religionsfrieden als politisches Problem der frühen Neuzeit [2005], in: DERS., Aufsätze zur Reformations- und Reichsgeschichte (JusEccl 113), Tübingen 2016, S. 146-178.

[28] Vgl. Martin HECKEL, Die katholische Konfessionalisierung im Spiegel des Reichskirchenrechts [1995], in: DERS., Gesammelte Schriften. Staat–Kirche–Recht–Geschichte, [Bde. 1-4, hg. von Klaus SCHLAICH], 6 Bde. (JusEcc 38. 58. 73. 100), Tübingen 1989/1997/2004/2013, Bd. 2, Tübingen 1989, S. 294-335; Martin HECKEL, Parität [1963], ebd., Bd. 1, S. 106-226; DERS., Reichsrecht und „Zweite Reformation". Theologisch-juristische Probleme der reformierten Konfessiona-

dieses vorläufigen Scheiterns ist zu Recht betont worden, dass mit den Errungenschaften des Augsburger Religionsfriedens von 1555 die grundlegenden Voraussetzungen geschaffen wurden, dass mit dem Westfälischen Frieden von 1648 eine dauerhafte Friedensordnung etabliert werden konnte.[29]

Besondere Anstöße hat die Erforschung der Zeit nach der Reformation durch die sogenannte Konfessionalisierungsthese erhalten. Seit den 1980er-Jahren haben die beiden Historiker Wolfgang Reinhard und Heinz Schilling mit ihren Arbeiten zur Bedeutung der Konfessionalisierung für die frühneuzeitliche Geschichte die deutschsprachige Forschung bestimmt.[30] In den

lisierung [1986], ebd., Bd. 2, S. 999-1032; DERS., Säkularisierung. Staatskirchenrechtliche Aspekte einer umstrittenen Kategorie [1980], ebd., Bd. 2, S. 773-911; DERS., „Zelo domus Dei"? [2006], ebd., Bd. 6, S. 199-230; DERS., Zur Auswirkung der Konfessionalisierung auf das Recht im Alten Reich [2010], ebd., Bd. 6, S. 127-173; zahlreiche Aspekte auch in: WOLGAST, Aufsätze zur Reformations- und Reichsgeschichte (s. Anm. 27).

29 Vgl. zum Beispiel Johannes BURKHARDT, Das Reformationsjahrhundert. Deutsche Geschichte zwischen Medienrevolution und Institutionenbildung 1517-1617, Stuttgart 2002; DERS., Europäischer Nachzügler oder institutioneller Vorreiter? Plädoyer für einen neuen Entwicklungsdiskurs zur konstruktiven Doppelstaatlichkeit des frühmodernen Reiches, in: Matthias SCHNETTGER (Hg.), Imperium Romanum – irregulare corpus – Teutscher Reichs-Staat, Mainz 2002, S. 297-316; Maximilian LANZINNER, Konfessionelles Zeitalter 1555-1618, in: Rolf HÄFELE (wiss. Red.), Handbuch der deutschen Geschichte [10. Aufl.], Bd. 10, Stuttgart 2001, S. 1-203, bes. S. 48f.

30 Vgl. Wolfgang REINHARD, Zwang zur Konfessionalisierung? Prolegomena zu einer Theorie des konfessionellen Zeitalters, in: Zeitschrift für Historische Forschung 10 (1983), S. 257-277; DERS., Konfession und Konfessionalisierung in Europa, in: DERS. (Hg.), Bekenntnis und Geschichte. Die Confessio Augustana im historischen Zusammenhang, München 1981, S. 165-189; Heinz SCHILLING, Konfessionskonflikt und Staatsbildung. Eine Fallstudie über das Verhältnis von religiösem und sozialem Wandel in der Frühneuzeit am Beispiel der Grafschaft Lippe, Gütersloh 1981; DERS., Die Konfessionalisierung im Reich. Religiöser und gesellschaftlicher Wandel in Deutschland zwischen 1555 und 1620, in: Histori-

1970er-Jahren war es quasi Konsens unter den Historikern geworden, dass der Weg in die Moderne entscheidend durch Säkularisierung bestimmt ist. Religion und Konfession schienen hier keinen Beitrag zu leisten, vielmehr lediglich retardierend zu wirken und auf Dauer durch Relevanzverlust gekennzeichnet zu sein.

Gegen diese „Meistererzählung" haben Reinhard und Schilling die modernisierende Wirkung der Konfessionalisierung herausgestellt, und zwar gleichermaßen aller drei Hauptkonfessionen, der tridentinisch-katholischen ebenso wie der lutherischen und der reformierten.[31] Im Zuge der Konfessionalisierung sei es

sche Zeitschrift 246/5 (1988), S. 1-45; DERS. (Hg.), Die reformierte Konfessionalisierung in Deutschland – Das Problem der „Zweiten Reformation". Wissenschaftliches Symposion des Vereins für Reformationsgeschichte 1985 (SVRG 195), Gütersloh 1986; Hans-Christoph RUBLACK (Hg.), Die lutherische Konfessionalisierung in Deutschland. Wissenschaftliches Symposion des Vereins für Reformationsgeschichte 1988 (SVRG 197), Gütersloh 1992; Heinz SCHILLING/ Wolfgang REINHARD (Hg.), Die katholische Konfessionalisierung. Wissenschaftliches Symposion der Gesellschaft zur Herausgabe des Corpus Catholicorum und des Vereins für Reformationsgeschichte 1993 (SVRG 198), Gütersloh 1995; Thierry WANEGFFELEN, „Construction confessionnelle" et „confessionalisation" dans l'Europe moderne, in: Historiens et Géographes 341 (1993), S. 121-132.

31 Wolfgang REINHARD hat sieben gemeinsame Kennzeichen lutherischer, reformierter und katholischer Konfessionalisierung in der Frühen Neuzeit herausgearbeitet: „Die Geschlossenheit der neuen Großgruppe ‚Konfession' wird nämlich in Calvinismus, Katholizismus und Luthertum mit folgenden Verfahren erzielt: 1. Wiedergewinnung klarer theoretischer Vorstellungen, 2. Verbreitung und Durchsetzung neuer Normen, 3. Propaganda und Verhinderung von Gegenpropaganda, 4. Internalisierung der neuen Ordnung durch Bildung, 5. Disziplinierung der Anhänger (im engeren Sinn), 6. Einsatz von Riten, 7. Beeinflussung der Sprache" (REINHARD, Zwang [s. Anm. 30], S. 263). Heinz SCHILLING hat vier Phasen der Konfessionalisierung unterschieden: 1. Von den vierziger bis zu den sechziger Jahren des 16. Jahrhunderts bereite sich die Konfessionalisierung vor. 2. Die siebziger Jahre leiteten zur konfessionellen Konfrontation über. 3. 1580-1620 befinde sich die Konfessionalisierung im Reich auf dem Höhepunkt. 4. Danach sei nicht

zu intensivierter Normgebung und vermehrten „Kontrollen bei der Normdurchsetzung“ (zum Beispiel in Gestalt von Visitationen) gekommen. Verstärkte religiöse Propaganda habe Vereinheitlichung und inneren (das heißt aus dem Herzen kommenden) Gehorsam befördert. Das gesamte Schul- und Universitätswesen sei in den Dienst der Konfessionalisierung gestellt worden und habe selbst wiederum an Effizienz gewonnen.[32] Dadurch habe der Staat drei Ziele erreicht:

„1. die Verstärkung seiner nationalen oder territorialen Identität nach innen wie nach außen,

2. die Kontrolle über die Kirche als einen mächtigen Rivalen der neuen Staatsgewalt, nicht zuletzt auch über das kirchliche Vermögen als wichtiges Machtmittel,

3. die Disziplinierung und Homogenisierung der Untertanen [...]. Wer machtpolitischen Ehrgeiz besitzt in Europa, kommt also gar nicht darum herum, Konfessionalisierungspolitik zu betreiben!“[33]

Wolfgang Reinhard urteilte zusammenfassend, die von Staat und Kirche gemeinsam betriebene Konfessionalisierung habe im Ergebnis einen „erheblichen Wachstumsschub moderner Staatlichkeit“ gebracht.[34] „Vor allem die Rationalisierung der Verwaltung durch straffe Gliederung, die Besetzung mit einem disziplinierbaren ‚modernen‘ Beamtentypus und die durchgängige

zuletzt infolge des Krieges eine Abschwächung und eine Stärkung irenischer Impulse festzustellen (DERS., Die Konfessionalisierung im Reich [s. Anm. 30], S. 14-30).

32 Vgl. Michael STOLLEIS, Religion und Politik im Zeitalter des Barock. „Konfessionalisierung“ oder „Säkularisierung“ bei der Entstehung des frühmodernen Staates?, in: Dieter BREUER (Hg.), Religion und Religiosität im Zeitalter des Barock, Tl. 1 (Wolfenbütteler Arbeiten zur Barockforschung, 25), Wiesbaden 1995, S. 23-42, hier: S. 30.

33 REINHARD, Zwang (s. Anm. 30), S. 268.

34 Ebd., S. 275.

Schriftlichkeit der Verfahren seien hierdurch vorangebracht worden."[35] Die Machtentfaltung des werdenden modernen Staates verlange „konfessionelle Intoleranz als Voraussetzung".[36] „Konfessionalisierung" ist hier also im Unterschied zu dem Begriff „Konfessionsbildung" nicht „als partieller kirchengeschichtlicher, sondern als universaler sozialgeschichtlicher Prozeß verstanden".[37]

Reinhards und Schillings Thesen haben eine intensive und kontroverse Diskussion hervorgerufen, die die Erforschung der Geschichte der Frühen Neuzeit erheblich gefördert hat.[38] Ein-

[35] STOLLEIS, Religion (s. Anm. 32), S. 30. STOLLEIS bietet einen aussagekräftigen Beleg für das Wissen der Zeitgenossen um den Wert der Religion für den Staat. So schrieb der Lutheraner Dietrich REINKINGK in seiner Biblischen Policey von 1653: „Religion vnd Ratio status fangen beyde vom R. an, vnd stecket in diesen beyden das grösseste arcanum Reip. [sc. Rerumpublicarum], sonderlich wann ein newes Reich vnd Regiment stabiliret werden soll. [...] Eine Religion in einem Lande vnd Republica, verbindet und verknüpffet die Gemühter der Vnterthanen vnter sich vnd gegen jhre Obrigkeit so viel stärker vnd erhelt besser Vertrawuen" (Dietrich REINKINGK, Biblische Policey, Frankfurt 1653, S. 13. 33).

[36] REINHARD, Zwang (s. Anm. 30), S. 268.

[37] Wolfgang REINHARD, Sozialdisziplinierung – Konfessionalisierung – Modernisierung. Ein historiographischer Diskurs, in: Nada Boškovska LEIMGRUBER (Hg.), Die Frühe Neuzeit in der Geschichtswissenschaft. Forschungstendenzen und Forschungserträge, Paderborn 1997, S. 39-55, hier: S. 46.

[38] Vgl. die Übersicht über die umfassende Rezeption und Diskussion des Konfessionalisierungsparadigmas in: Heinrich Richard SCHMIDT, Konfessionalisierung im 16. Jahrhundert (EdG 12), München 1992; Stefan EHRENPREIS/Ute LOTZ-HEUMANN: Reformation und konfessionelles Zeitalter (Kontroversen um die Geschichte), Darmstadt 2002. Knapp skizziert finden sich die kritischen Einwände und weiterführenden Überlegungen zur Konfessionalisierung als Paradigma der Frühneuzeitforschung in: Thomas KAUFMANN, Einleitung: Interkonfessionalität, Transkonfessionalität, binnenkonfessionelle Pluralität. Neue Forschungen zur Konfessionalisierungsthese, in: Kaspar von GREYERZ et al. (Hg.), Interkonfessionalität – Transkonfessionalität – binnenkonfessionelle Pluralität. Neue Forschungen zur Konfessionalisierungsthese (SVRG 201), Gütersloh 2003, S. 9-15; vgl. ferner Peter HERSCHE, Muße und Verschwendung. Europäische Gesellschaft und

wände unterschiedlichster Art wurden formuliert, zum Beispiel das Argument, dass sich die Bedeutung der Konfessionalisierung als gesamtgesellschaftlicher Vorgang mit starker Relevanz für die Staatsbildung der Territorien des Reichs nachweisen lässt, nicht aber für ganz anders geartete Konfessionalisierungsvorgänge in Südeuropa oder in Irland.[39] Auch ist die weit über die Staatsbildung hinausreichende, für die Kulturentwicklung produktive Kraft konfessioneller Konkurrenz – zum Beispiel auf dem Feld des Schul- und Universitätswesens – herausgestellt worden.[40] In

Kultur im Barockzeitalter, 2 Bde., Freiburg i. Br. et al. 2006, S. 55-64. Vgl. ferner Harm KLUETING, „Zweite Reformation" – Konfessionsbildung – Konfessionalisierung. Zwanzig Jahre Kontroversen und Ergebnisse nach zwanzig Jahren, in: Historische Zeitschrift 277/3 (2003), S. 309-341; Anton SCHINDLING, Konfessionalisierung und Grenzen von Konfessionalisierbarkeit, in: DERS./Walter ZIEGLER (Hg.), Die Territorien des Reichs im Zeitalter der Reformation und Konfessionalisierung. Land und Konfession 1500-1650, Bd. 7: Bilanz – Forschungsperspektiven – Register (KLK 57), Münster 1997, S. 9-44; Dieter STIEVERMANN, Evangelische Territorien im Konfessionalisierungsprozess, ebd., S. 45-65; Thomas BROCKMANN/Dieter J. WEISS (Hg.), Das Konfessionalisierungsparadigma. Leistungen, Probleme, Grenzen (Bayreuther Historische Kolloquien, 18), Münster 2013; Andreas HOLZEM, Christentum in Deutschland 1550-1850, Bd. 1, Paderborn 2015, S. 7-32. 1177-1213.

39 Vgl. z. B. Ute LOTZ-HEUMANN, Die doppelte Konfessionalisierung in Irland. Konflikt und Koexistenz im 16. und in der ersten Hälfte des 17. Jahrhunderts (SuR.N.R. 13), Tübingen 2000; Philip BENEDICT, Confessionalization in France? Critical Reflections and New Evidence, in: DERS. (Hg.), The Faith and Fortunes of France's Huguenots, 1559-1685, Aldershot 2001, S. 309-325.

40 Vgl. exemplarisch für das Bildungswesen in Schlesien Christine ABSMEIER, Das schlesische Schulwesen im Zeitalter der Reformation, Ständische Bildungsreformen im Geiste Philipp Melanchthons (Contubernium 74), Stuttgart 2011; vgl. ferner Christoph STROHM, Die produktive Kraft konfessioneller Konkurrenz für die Rechtsentwicklung, in: DERS. (Hg.), Reformation und Recht. Zur Kontroverse um die Kulturwirkungen der Reformation, Tübingen 2017 (im Druck). Peter HERSCHE hat die Eigenart und den auffällig „modernen" Charakter des französischen Katholizismus maßgeblich als Folge der Konkurrenz mit den Hugenotten gedeutet. Zu Beginn der Regierung Ludwigs XIV. lebten ungefähr 1 Million Hu-

jüngster Zeit hat Cornel A. Zwierlein die Mechanismen der Konfessionalisierung auch in der Begegnung mit der griechischen Orthodoxie und nichtchristlichen Religionen erörtert.[41]

Für unseren Zusammenhang ist eine Kritik von zentraler Bedeutung, die insbesondere Rechtshistoriker wie Michael Stolleis, aber auch Martin Heckel formuliert haben. So gesteht Stolleis zwar zu, dass die Konfessionalisierung „im Ergebnis einen ‚erheblichen Wachstumsschub moderner Staatlichkeit' gebracht" habe, wo ein konfessionell einheitlicher Staat die Religion „benutzt" habe, „indem er sie durch ‚umarmende Reglementierung' zur Intensivierung seiner Herrschaftsabsichten einbezieht."[42] Der europaweit wichtigere und langfristig erfolgreichere Weg sei aber nicht der der Inklusion im Verhältnis von Religion beziehungsweise Konfession und einer sich immer stärker verweltlichenden Politik gewesen, sondern der einer Exklusion. Dies bedeute, dass Institutionen und Repräsentationen der Konfession ausgeklammert und neutralisiert würden. Staat-

genotten in Frankreich. Ihr Einfluss sei aber sehr viel stärker gewesen, da sie oft der höheren Mittelschicht oder sogar der Elite angehörten. „Die Reformierten beherrschten das Bankwesen, an Handel und Manufaktur waren sie überproportional beteiligt. In gewissen Bereichen – als auch mentalitätsgeschichtlich besonders bezeichnendes Beispiel sei die Uhrenherstellung erwähnt – waren sozusagen ausschließlich Protestanten tätig. Daneben waren sie, von Sully bis Turenne, auch in hohen Staatsstellungen häufig anzutreffen." Schon Zeitgenossen hätten gesehen, dass „die Kontroverse zwischen den beiden Konfessionen auch für die Majorität fruchtbare Auswirkungen" hatte (Peter HERSCHE, „Klassizistischer" Katholizismus. Der konfessionsgeschichtliche Sonderfall Frankreich, in: Historische Zeitschrift 262 [1996], S. 357-389, hier: S. 366). Vgl. auch Jacques SOLÉ, Le débat entre protestants et catholiques francais de 1598 à 1685, 4 Bde., Paris 1985.

41 Vgl. Cornel A. ZWIERLEIN, „Konfessionalisierung" europäisch, global als epistemischer Prozess. Zu den Folgen der Reformation und zur Methodendiskussion, in: STROHM (Hg.), Reformation und Recht (s. Anm. 40).

42 STOLLEIS, Religion (s. Anm. 32), S. 30 (unter Aufnahme einer Formulierung W. Reinhards).

werdung vollziehe sich hier „durch Errichtung eines legitimen Gewaltmonopols *jenseits* der streitenden Konfessionen und jenseits der vielfältigen Gliederungen des spätmittelalterlichen Gemeinwesens".[43] Juristen spielten bei beiden Varianten die entscheidende Rolle.[44] „Die letztlich stärkere historische Linie ist die der Säkularisierung des Rechts und der Enttheologisierung öffentlicher Herrschaft. Ich halte deshalb die These von der Entstehung des Staates als Vorgang der Säkularisation für die Langzeitperspektive vom Mittelalter bis zur Neuzeit für die richtige These."[45]

Stolleis sieht die wichtige Rolle der Kirche bei der „Verdrängung des mittelalterlichen ‚Personenverbandsstaates' durch den anstaltlich organisierten ‚Flächenstaat' ", die „ein langgestreckter, komplizierter Prozess mit erheblichen Modifikationen und Zeitverschiebungen" gewesen sei. „Die Vorbildrolle der Kirche und ihrer Verwaltung ist bedeutend, vor allem hinsichtlich des Kanzleiwesens, der Verschriftlichung und der Ausbildung des Berufsbeamtentums."[46] Zugleich fügt er jedoch einschränkend hinzu: „Wichtiger ist hier die These: Staatwerdung vollzog sich durch Errichtung eines legitimen Gewaltmonopols *jenseits* der streitenden Konfessionen und jenseits der vielfältigen Gliederungen des spätmittelalterlichen Gemeinwesens. Sie implizierte die Distanzierung von ideologischen Inhalten, eine wachsende Verrecht-

[43] Ebd., S. 29; vgl. ebd., S. 29-33.

[44] Zur Rolle der Juristen bei der Ausbildung des frühmodernen Staates vgl. Roman SCHNUR (Hg.), Die Rolle der Juristen bei der Entstehung des modernen Staates, Berlin 1986; Michael STOLLEIS, Geschichte des öffentlichen Rechts in Deutschland, Bd. I: Reichspublizistik und Policeywissenschaft 1600-1800, München 1988.

[45] STOLLEIS, Religion und Politik (s. Anm. 32), S. 41; vgl. DERS., „Konfessionalisierung" oder „Säkularisierung" bei der Entstehung des frühmodernen Staates, in: Ius commune 20 (1993), S. 1-23, hier: S. 20-23.

[46] STOLLEIS, Religion (s. Anm. 32), S. 29.

lichung und die Einrichtung einer zentral gelenkten, more geometrico entworfenen Verwaltungsmaschinerie. Das bedeutete im Prinzip die Trennung von Politik und Religion und die Zurücksetzung der Theologen in der inneren Rangordnung der Höfe."[47]

Entsprechend diesem Befund ist in der zweiten Hälfte des 16. Jahrhunderts die wachsende Emanzipation der juristischen gegenüber den theologischen Fakultäten zu beobachten, welche die weitere Universitätsentwicklung wesentlich beeinflusst hat.[48] Gleichwohl bleiben theologische Fakultäten und die Geistlichkeit von zentraler Bedeutung für die Ausgestaltung der protestantischen Territorien. So hat Luise Schorn-Schütte in ihrer grundlegenden „Gruppen- und Sozialbiographie" der evangelischen Geistlichkeit diese für den Zeitraum vom 16. bis zum 18. Jahrhundert als wichtigen Teil des sich entfaltenden frühneuzeitlichen Bürgertums herausgearbeitet.[49]

Stolleis' Relativierung der Deutung der Konfessionalisierung als eines Fundamentalvorgangs am Beginn der Moderne ist zuzustimmen. Auf längere Frist ist der Säkularisierung der Vorrang vor der Konfessionalisierung bei der Staatsbildung zuzusprechen. Für die Frühe Neuzeit, insbesondere die Jahrzehnte vor dem Dreißigjährigen Krieg, darf aber die für das Wachstum moderner Staatlichkeit förderliche Wirkung der Konfessionalisierung nicht unterschätzt werden. Martin Heckel hat zu Recht das „dialek-

[47] Ebd.

[48] Vgl. Notker HAMMERSTEIN, Bildung und Wissenschaft vom 15. bis zum 17. Jahrhundert (EDG 64), München 2003, bes. S. 42f. 53f.

[49] Vgl. Luise SCHORN-SCHÜTTE, Evangelische Geistlichkeit in der Frühneuzeit. Deren Anteil an der Entfaltung frühmoderner Staatlichkeit und Gesellschaft. Dargestellt am Beispiel des Fürstentums Braunschweig-Wolfenbüttel, der Landgrafschaft Hessen-Kassel und der Stadt Braunschweig (QFRG 62), Gütersloh 1996; DIES. (Hg.), Gelehrte Geistlichkeit – geistliche Gelehrte. Beiträge zur Geschichte des Bürgertums in der Frühneuzeit (Historische Forschungen, 97), Berlin 2012.

tische Zusammenspiel“ von Säkularisierung und Konfessionalisierung herausgestellt.[50] Die konfessionelle Polarisierung sei die Voraussetzung eines säkularen Rechts, das einen begrenzenden Rahmen bietet. Ansonsten drohe die Gefahr einer weltanschaulichen Aufladung des Säkularisierungsvorgangs.[51]

Alle diese Beobachtungen lassen die Frage nach dem Zusammenspiel von konfessionalisierenden und säkularisierenden Tendenzen als Schlüsselfrage bei der historiographischen Deutung der Frühen Neuzeit erscheinen. Im Gegensatz zu den früher vorherrschenden Säkularisierungstheorien, die Modernisierung

[50] Schon in den sechziger Jahren hatte Martin HECKEL darauf hingewiesen, dass „in eigenartiger Weise die teilweise Säkularisierung des Verfassungsrechts mit einer teilweisen *Konfessionalisierung* kombiniert“ sei (DERS., Zur Entwicklung des deutschen Staatskirchenrechts von der Reformation bis zur Schwelle der Weimarer Verfassung [1966/67], in: DERS., Gesammelte Schriften [s. Anm. 28], Bd. 1, S. 366-401, hier: S. 380). Im Jahr 2006 hat Heckel den Sachverhalt unter der Überschrift „Konfessionalisierung und Säkularisierung im dialektischen Zusammenspiel“ wie folgt treffend zusammengefasst: „Der Weg in die Moderne war noch lang und mühevoll für beide Konfessionen. Konfessionalisierung in Koexistenz mußte erst gelernt werden. Ein Kernproblem trat seit 1555 verstärkt auf: Der Westfälische Friede hatte sich allgemeiner und offener, d.h. säkularer Rechtsformen bedient, die beide Religionsparteien für ihre so unterschiedlichen religiösen Bedürfnisse benützen konnten. Konfessionalisierung und Säkularisierung standen dabei einerseits im Gegensatz, andererseits haben sie einander dialektisch ergänzt, ja bedingt. Die Historiographie wie die Dogmatik des Staatskirchenrechts irrt, wenn sie Säkularisierung und Konfessionalisierung als exklusive Alternative versteht“ (DERS., „Zelo domus Dei“? [s. Anm. 28], S. 227).

[51] Vgl. Martin HECKEL, Martin Luthers Reformation und das Recht. Die Entwicklung der Theologie Luthers und ihre Auswirkung auf das Recht unter den Rahmenbedingungen der Reichsreform und der Territorialstaatsbildung im Kampf mit Rom und den „Schwärmern“ (JusEccl 114), Tübingen 2016, S. 33-43; vgl. auch DERS., Säkularisierung. Staatskirchenrechtliche Aspekte einer umstrittenen Kategorie [1980], in: DERS., Gesammelte Schriften (s. Anm. 28), Bd. 2, S. 773-911; DERS., Weltlichkeit und Säkularisierung. Staatskirchenrechtliche Probleme in der Reformation und im Konfessionellen Zeitalter [1983], ebd., S. 912-933.

und Fortschritt in der Geschichte der Frühen Neuzeit einseitig auf Säkularisierungsprozesse zurückgeführt haben, wird heute zu Recht auch die modernisierende Funktion der Konfessionalisierung herausgestellt. Umso wichtiger ist die verstärkte Erforschung der Prozesse, Motive und Akteure der Konfessionalisierung im Zusammenspiel mit säkularisierenden Tendenzen.

3. Innerprotestantische Konkurrenz und Konfessionalisierung im Südwesten des Reichs

Warum sind Theologenbriefwechsel der zweiten Hälfte des 16. Jahrhunderts gerade aus dem *Südwesten des Reichs* ein besonders interessanter Forschungsgegenstand?

Der Südwesten des Reichs war alles andere als ein Randgebiet, weder in ökonomischer noch in kultureller oder religiöser Hinsicht. Die Region gehörte mit dem Oberzentrum Straßburg, der ausgesprochen wohlhabenden Reichsstadt Ulm und vielen anderen bedeutenden Reichsstädten zu den wirtschaftlich und kulturell hoch entwickelten Regionen des Reichs. Im Südwesten gab es eine große Tradition humanistischer Gelehrsamkeit, nicht nur an den Universitäten Heidelberg und Tübingen, sondern auch in Straßburg und im Elsass mit der berühmten Lateinschule in Schlettstadt oder auch in Pforzheim. Das von dem Humanisten Johannes Sturm 1539 gegründete Straßburger Gymnasium wurde zum Vorbild zahlreicher Akademien und Universitäten im Bereich des reformierten Protestantismus.[52]

[52] Grundlegend dazu: Anton SCHINDLING, Humanistische Hochschule und Freie Reichsstadt. Gymnasium und Akademie in Straßburg 1538-1621 (VIEG 77), Wiesbaden 1977.

Abb. 5: Der Südwesten des Reichs und die angrenzenden Gebiete um 1550

Auch war der Südwesten des Reichs eine Art „Kontaktregion" zu Frankreich, zur Schweiz und zum Südwesten Europas. Hier trafen die sich herausbildenden, verschiedenen Richtungen des Protestantismus früh aufeinander. Bereits in den 1520er-Jahren strömten aus dem nahegelegenen Zürich die Ideen Zwinglis ein, während von Norden die Anstöße der Wittenberger Reformation Luthers kamen. Die Folge waren dauernde und vielfach heftige Auseinandersetzungen zwischen Vertretern des zwinglianisch-reformierten und des lutherischen Protestantismus. Aus dem Westen kamen seit den 1530er-Jahren die Informationen über die beginnenden Protestantenverfolgungen und in Straßburg bildete sich bereits früh eine französischsprachige Flüchtlingsgemeinde.

In der zweiten Hälfte des 16. Jahrhunderts wurde der Südwesten des Reichs mit der Reichsstadt Straßburg sowie den Territorien Württemberg und der Kurpfalz zum bevorzugten Konfliktfeld lutherischer und reformierter Konfessionalisierung.[53] Denn hier erfolgten lutherische und reformierte Konfessionalisierung und die entsprechende politische Ausrichtung in engster gegenseitiger, konflikthafter Bezogenheit und unmittelbarer Konkurrenz. Pluralität wie auch Reduktion von Pluralität im Zuge der Konfessionalisierung, ebenso Phänomene einer gegenseitigen Durchdringung der Konfessionen im Sinne von Interkonfessionalität und Transkonfessionalität[54] lassen sich hier exemplarisch analysieren. Darüber hinaus haben die Entwicklungen im Südwesten die Konfessionalisierung im Reich insgesamt bestimmt und beschleunigt. In diesem Sinn kommt dem Südwesten eine besondere Bedeutung für die europäische Reformationsgeschichte zu.[55]

[53] Das ist kritisch gegen die traditionelle Dogmengeschichtsschreibung zu sagen, die auf die Rivalität der beiden Sachsen fixiert ist. Zur Bedeutung des Herzogtums Württemberg für das deutsche Luthertum in der zweiten Hälfte des 16. Jahrhunderts vgl. Ulrike LUDWIG, Philippismus und orthodoxes Luthertum an der Universität Wittenberg. Die Rolle Jakob Andreäs im lutherischen Konfessionalisierungsprozeß Kursachsens (1576-1580) (RST 153), Münster 2009, S. 149-163, hier: S. 149 Anm. 4, Literatur; zur Modellfunktion Württembergs vgl. bes. Manfred RUDERSDORF, Tübingen als Modell? Die Bedeutung Württembergs für die Vorgeschichte der kursächsischen Universitätsreform von 1580, in: Armin KOHNLE/Frank ENGEHAUSEN (Hg.), Zwischen Wissenschaft und Politik. Studien zur deutschen Universitätsgeschichte. Festschrift für Eike Wolgast, Stuttgart 2001, S. 67-85.

[54] Zur Begrifflichkeit vgl. von GREYERZ et al. (Hg.), Interkonfessionalität – Transkonfessionalität – binnenkonfessionelle Pluralität (s. Anm. 38).

[55] Grundlegend zur Übersicht: Anton SCHINDLING/Walter ZIEGLER (Hg.), Die Territorien des Reichs im Zeitalter der Reformation und Konfessionalisierung. Land und Konfession 1500-1650, Bd. 5: Der Südwesten (KLK 53), Münster 1993; zu den einzelnen Territorien vgl. Eike WOLGAST, Die Einführung der Reformation und das Schicksal der Klöster im Reich und in Europa (QFRG 89), Gütersloh 2014,

3.1 Oberdeutsche Vermittlungstheologie und innerprotestantische Einigungsbemühungen

Erst im Laufe mehrerer Jahrzehnte kam es zur Polarität von „lutherisch“ und „reformiert“ innerhalb des Protestantismus. Anfangs war die Distanz der oberdeutschen Reformation wie auch der Genfer Reformation Johannes Calvins zur zwinglianischen Reformation durchaus erheblich bei gleichzeitiger Nähe zur lutherischen Reformation. Augenfälliger Ausdruck dieses Sachverhalts, der durch die spätere Polarität von lutherischem und reformiertem Protestantismus verdeckt wurde, ist die von dem Straßburger Reformator Martin Bucer erarbeitete und von Calvin unterstützte Wittenberger Konkordie von 1536.[56] Die Vorgeschichte dieses wichtigen, auch für die Geschichte des Protestantismus im 20. Jahrhundert bedeutsamen Dokuments liegt im Südwesten.

Im Jahr 1534 begann der von den Habsburgern 1519 abgesetzte und mit Hilfe Landgraf Philipps von Hessen wieder in sein Territorium eingesetzte Herzog Ulrich mit der planmäßigen Durchführung der Reformation des Herzogtums Württemberg.[57]

S. 103-112 (Württemberg), S. 203-221 (Kurpfalz) u. S. 221-227 (Baden-Durlach); vgl. auch allgemein Klaus BÜMLEIN/Marc FEIX/Barbara HENZE/Marc LIENHARD (Hg.), Kirchengeschichte am Oberrhein. Ökumenisch und grenzüberschreitend, Ubstadt-Weiher 2013; Georg Gottfried GERNER-WOLFHARD, Kleine Geschichte des Protestantismus in Baden, Karlsruhe 2013.

56 Abgedr. in: BDS 6/I, S. 114-134.

57 Übersicht zur Württembergischen Reformationsgeschichte in: Hermann EHMER, Württemberg, in: SCHINDLING/ZIEGLER (Hg.), Territorien, Bd. 5 (s. Anm. 55), S. 168-192; Martin BRECHT/Hermann EHMER, Südwestdeutsche Reformationsgeschichte. Zur Einführung der Reformation im Herzogtum Württemberg 1534, Stuttgart 1984; Siegfried HERMLE (Hg.), Reformationsgeschichte Württembergs in Porträts, Holzgerlingen 1999; Sabine HOLTZ, Theologie und Alltag. Leben und Lehre in den Predigten der Tübinger Theologen 1550-1750 (SuR.N.R. 3), Tübin-

Der Herzog war der Schweiz wie auch Hessen verpflichtet, so dass er als Reformator des südlichen Teils den zwinglianisch gesinnten Konstanzer Ambrosius Blarer und für den Norden den Lutheraner Erhard Schnepf berief. Mit dem in der Reichsstadt Schwäbisch Hall tätigen Johannes Brenz sowie Martin Frecht, dem 1533 berufenen Nachfolger Konrad Sams in Ulm, waren bereits zwei profilierte Lutheraner vor Ort. Angesichts der drohenden Konflikte in Württemberg und den umliegenden Reichsstädten verfolgte Bucer mit Beharrlichkeit seine Bemühungen um Ausgleich.

Abb. 6: Martin Bucer (1491-1551)

gen 1993; Matthias LANGENSTEINER, Für Land und Luthertum. Die Politik Herzog Christophs von Württemberg (1550-1568) (Stuttgarter Historische Forschungen, 7), Köln/Weimar/Wien 2008.

Die unmittelbare Entstehungsgeschichte der Wittenberger Konkordie und damit auch die Vorgeschichte der Leuenberger Konkordie beginnt mit der sogenannten Württemberger Konkordie vom 2. August 1534.[58] Bucer wirkte im Hintergrund, während sein Freund Blarer und der Lutheraner Schnepf die Feder führten.[59] Jedoch ist sie wesentlich von Bucers Aktivitäten in den Jahren zuvor angebahnt worden. Gleich nach der Lauffener Schlacht, in der die habsburgischen Truppen besiegt worden waren, schrieben die Straßburger Prediger am 18. Mai 1534 an Landgraf Philipp von Hessen und Herzog Ulrich und übersandten ein Bedenken, in dem sie die Abendmahlskonkordie anvisierten, „nicht blos in Württemberg, sondern auch in der ganzen deutschen und den andern Nationen".[60] Bucer warb unermüdlich um Zustimmung zu der in Gestalt der Württemberger Konkordie getroffenen Übereinkunft. Auf einer Zusammenkunft in Konstanz im Dezember 1534 gelang ihm das im Blick auf die südwestdeutschen Städte.[61] Die Schweizer, insbesondere der Nachfolger Ulrich Zwinglis in Zürich, Heinrich Bullinger, blieben aber außen vor.[62] Bullinger sah durch die Rede von einer

58 Vgl. dazu Walther KÖHLER, Zwingli und Luther. Ihr Streit über das Abendmahl nach seinen politischen und religiösen Beziehungen, Bd. 2: Vom Beginn der Marburger Verhandlungen 1529 bis zum Abschluß der Wittenberger Konkordie von 1536 (QFRG 7), Gütersloh 1953, S. 320-358; vgl. auch Ernst BIZER, Studien zur Geschichte des Abendmahlsstreits im 16. Jahrhundert (BFChTh 46), Darmstadt ³1972, S. 65-95; Thomas KAUFMANN, Art. Wittenberger Konkordie, in: TRE 36, Berlin/New York 2004, S. 243-251.

59 Vgl. Martin GRESCHAT, Martin Bucer. Ein Reformator und seine Zeit 1491-1551, München 1990, S. 144-146 [Münster ²2009, S. 154-158].

60 Zit. in: KÖHLER, Zwingli und Luther (s. Anm. 58), S. 331.

61 Vgl. ebd., S. 364-375.

62 Bucer hat unter anderem – allerdings vergeblich – versucht, durch ein Geheimtreffen mit Heinrich Bullinger die Basler Oswald Myconius und Andreas Bodenstein von Karlstadt sowie den Berner Simon Sulzer und insbesondere Zürich für die Konkordie zu gewinnen (vgl. Bucer an H. Bullinger, 1.11.1534, in: HBBW 4,

realen Gegenwart, wenn auch nicht quantitativ, qualitativ oder localiter greifbar, das Erbe Zwinglis aufgegeben. Von Konstanz aus begab sich Bucer noch im Dezember 1534 nach Kassel, wo er in ausgesprochen harmonischer Weise mit Melanchthon diskutierte und zu der Übereinkunft gelangte, welche die unmittelbare Vorlage der Wittenberger Konkordie wurde: die sogenannte Kasseler Konkordie.[63] Hier konnte Bucer bereits ausdrücklich auf die Zustimmung der Prediger zu Augsburg, Konstanz, Ulm, Esslingen, Memmingen, Lindau, Isny, Biberach und Kempten verweisen. Auch durch Angriffe des Freundes Luthers, Nikolaus Amsdorff, der ihm Heuchelei vorwarf, ließ sich Bucer nicht von der Hoffnung auf die Einigung abbringen und warb weiter um Zustimmung. Aufgrund des schlechten Gesundheitszustands Luthers kam es noch zu Verzögerungen und man musste zu dem Kranken nach Wittenberg reisen. Am 28. Mai 1536 gelang es schließlich, die sogenannte Wittenberger Konkordie zu unterschreiben.[64]

Erst in den sechziger und siebziger Jahren des 16. Jahrhunderts kam die spezifische oberdeutsche Theologie Bucers in Straßburg an ihr Ende. Abgelöst wurde sie durch ein profiliertes

Nr. 470, S. 392, Z. 87-89). Jüngst hat Daniel Abendschein in seiner Heidelberger Dissertation nach dem Vorgang Amy Nelson Burnetts eingehend den „von Martin Bucer und Wolfgang Capito beförderte[n] Aufbau Sulzers zu einem Exponenten oberdeutscher Theologie in der Schweiz“ herausgearbeitet (vgl. Daniel Abendschein, Simon Sulzer [1508-1585]. Herkunft, Prägung und Profil des Basler Antistes und Reformators in Baden-Durlach, Diss. theol. Heidelberg 2016, S. 247). Vgl. auch Amy Nelson Burnett, The Myth of the Swiss Lutherans. Martin Bucer and the Eucharistic Controversy in Bern, in: Zwingliana 32 (2005), S. 45-70, hier: S. 53-68; dies., Bucers letzter Jünger. Simon Sulzer und Basels konfessionelle Identität zwischen 1550 und 1570, in: Basler Zeitschrift für Geschichte und Altertumskunde 107 (2007), S. 132-172.

63 Abgedr. in: BDS 6/1, S. 62-82.

64 Abgedr. in: BDS 6/1, S. 114-134.

Luthertum.[65] Dabei spielte die eskalierende Wirkung der konfessionellen Profilierung in den Nachbarterritorien eine wichtige Rolle. Denn die Durchsetzung des Luthertums in Straßburg geschah nicht zuletzt als Reaktion auf die Hinwendung der benachbarten Kurpfalz zum reformierten Protestantismus und vollzog sich in dauernder Abgrenzung dagegen.

3.2 Prägender Einfluss der oberdeutschen Theologie Bucers auf die Reformation Calvins

Der wichtigste Vertreter der oberdeutschen Theologie war der lange unterschätzte Straßburger Reformator Martin Bucer, der erst in jüngerer Zeit als „dritter deutscher Reformator" neben Martin Luther und Philipp Melanchthon gewürdigt worden ist.[66]

[65] Zur Übersicht vgl. SCHINDLING, Humanistische Hochschule (s. Anm. 52); DERS., Humanismus und evangelische Theologie in Straßburg im konfessionellen Zeitalter. Bildungsangebot und Bekenntnistraditionen am Studienort des Liborius Wagner, in: Würzburger Diözesangeschichtsblätter 43 (1981), S. 119-149; DERS., Kirche, Gesellschaft, Politik und Bildung in Straßburg. Aspekte der Reformationsgeschichte, in: Grete KLINGENSTEIN/Heinrich LUTZ (Hg.), Spezialforschung und „Gesamtgeschichte". Beispiele und Methodenfragen zur Geschichte der frühen Neuzeit (Wiener Beiträge zur Geschichte der Neuzeit, 8), Wien 1981, S. 169-188; James KITTELSON, Toward an Established Church. Strasbourg from 1500 to the Dawn of the Seventeenth Century (VIEG 182), Mainz 2000; Philippe DENIS, Les églises d'étrangers en pays rhénans (1538-1564) (Bibliothèque de la Faculté de Philosophie et Lettres de l'Université de Liège, 242), Paris 1984, bes. S. 47-145, 420-591; Marc LIENHARD (Hg.), La Faculté de Theologie Protestante de Strasbourg hier et aujourd'hui (1538-1988). Mémorial du 450e anniversaire de la Faculté, Straßburg 1988.

[66] Vgl. Heinrich BORNKAMM, Martin Bucer, der dritte deutsche Reformator, in: DERS., Das Jahrhundert der Reformation, Frankfurt a. M. 1983, S. 114-145; GRESCHAT, Bucer (s. Anm. 59); Christoph STROHM, Martin Bucer. Vermittler zwischen den Konfessionen, in: Martin H. JUNG/Peter WALTER (Hg.), Theologen des 16. Jahr-

Abb. 7: Johannes Calvin (1509-1564)

Bucers reformatorische Theologie hat nicht nur die Reformation im Südwesten des Reichs bestimmt, sondern in Gestalt des prä-

hunderts. Humanismus – Reformation – Katholische Erneuerung. Eine Einführung, Darmstadt 2002, S. 116-134. Die 1960 begonnene Ausgabe der Deutschen Schriften Martin Bucers ist im Jahr 2016 erfolgreich zum Abschluss gebracht worden: Martin BUCER: Deutsche Schriften, hg. von Robert STUPPERICH/Wilhelm H. NEUSER/Gottfried SEEBASS/Christoph STROHM, 19 Bde. in 24 Tlbdn., Gütersloh 1960-2016.

genden Einflusses auf Johannes Calvin auch die weltweite calvinistische Reformation entscheidend beeinflusst.[67]

Bucer ist der Theologe, von dem Calvin neben Luther am meisten gelernt hat. Die Eigenheiten, die Calvins Theologie von der Luthers unterscheiden, lassen sich weitgehend auf den Einfluss Bucers zurückführen.[68] Über den Aufenthalt Calvins bei Bucer in Straßburg in den Jahren 1538 bis 1541 hat man mit einer treffenden Formulierung gesagt, dass erst hier „Calvin zu Calvin wurde".[69] Beleg dafür sind die charakteristischen Änderungen, die Calvin in der 1539 während des Aufenthalts in Straßburg ent-

[67] Vgl. Christoph STROHM, Johannes Calvin. Leben und Werk des Reformators (bsr 2469), München 2009, S. 46-59. 106-108; Mathieu ARNOLD (Hg.), Jean Calvin. Les années Strasbourgeoises (1538-1541). Actes du colloque de Strasbourg (8-9 octobre 2009) à l'occasion du 500e anniversaire de la naissance du Réformateur, Strasbourg 2010.

[68] Zum Einfluss von BUCERS *Enarrationes perpetuae in sacra quatuor Evangelia* (1530/1536) bereits auf die erste Ausgabe der *Institutio* vgl. Willem VAN'T SPIJKER, The influence of Bucer on Calvin as becomes evident from the *Institutes*, in: B. J. VAN DER WALT (Hg.), John Calvin's Institutes. His Opus Magnum. Proceedings of the Second South African Congress of Calvin Research July, 31 - August, 3, 1984 (Wetenskaplike Bydraes F3/28), Potchefstroom 1986, S. 106-132, hier: S. 109-113; zu den Einflüssen Bucers auf Calvin vgl. Jacques COURVOISIER, Bucer et Calvin, in: Calvin à Strasbourg 1538-1541. Quatre études publiées à l'occasion du 400e anniversaire de l'arrivée de Calvin à Strasbourg par le soins de la commission synodale de l'église réf. d'Alsace et de Lorraine, Straßburg 1938, S. 37-66; Hasting EELLS, Martin Bucer and the Conversion of John Calvin, in: The Princeton Theological Review 22, 1924, S. 402-409; Alexandre GANOCZY, Le jeune Calvin. Genèse et évolution de sa vocation réformatrice (VIEG 40), Wiesbaden 1966, S. 166-178; Marijn DE KROON, Martin Bucer und Johannes Calvin, Göttingen 1991; Willem VAN'T SPIJKER, Bucer und Calvin, in: KRIEGER/LIENHARD (Hg.), Martin Bucer (s. Anm. 15), S. 461-470.

[69] Jacques COURVOISIER, Les catéchismes de Genève et de Strasbourg. Etude sur le développement de la pensée de Calvin, in: Bulletin de la société de l'histoire du protestantisme français 84 (1935), S. 105-121, hier: S. 107.

standenen zweiten Ausgabe seines Hauptwerkes, der *Institutio Christianae Religionis*, vorgenommen hat.[70]

Für Calvin steht als humanistisch geprägten Reformator wie für Bucer das Interesse an Ethik, Kirchenzucht und Lebensgestaltung insgesamt stärker im Vordergrund als für Luther.[71] Das zeigt sich besonders an dem in der Neuausgabe veränderten Gesetzesverständnis. Für Luther ist die rechte Unterscheidung von Gesetz und Evangelium von zentraler Bedeutung. Wahrheitsgemäße Theologie beruht geradezu darauf, dass Gesetz und Evangelium nicht vermischt, sondern recht unterschieden werden.[72] Das Gesetz hat, abgesehen von der politischen Funktion, für Recht und Ordnung zu sorgen, die Aufgabe, den Menschen seiner Selbstfixiertheit und Sündhaftigkeit zu überführen und ihn so dafür bereit zu machen, alles von der barmherzigen Zuwendung Gottes, wie sie im Evangelium zugesprochen wird, zu erwarten und das durch den Glauben für sich gelten zu lassen („sola fide"). Dieser überführende Gebrauch („usus elenchticus legis") ist für Luther der entscheidende Gesetzesgebrauch, der theologische Gebrauch des Gesetzes („usus theologicus legis"). Dem ist Calvin anfangs, in der ersten Ausgabe der *Institutio*, gefolgt. Seit der zweiten, während des Straßburger Aufenthalts entstandenen Ausgabe der *Institutio* betont Calvin jedoch wie Bucer den wegweisenden Ge-

70 Die erste Ausgabe 1536 ist noch ganz an Luthers Katechismen orientiert: OS 1, S. 18-238; vgl. August LANG, Die Quellen der *Institutio* von 1536, in: EvTh 3 (1936), S. 100-112.

71 Zur Übernahme der Straßburger Ämterordnungen und einzelnen Aspekten der Liturgie in Calvins Genfer Reformation vgl. Gustav ANRICH, Straßburg und die calvinische Kirchenverfassung, Tübingen 1928; Willem VAN'T SPIJKER, The ecclesiastical offices in the thought of Martin Bucer (SMRT 57), Leiden/New York 1996; DERS., Calvin. Biographie und Theologie, übersetzt von Hinrich STOEVESANDT (Die Kirche in ihrer Geschichte, Bd. 3, Liefrg. J 2), Göttingen 2001, S. 156-164.

72 Vgl. Wilfried JOEST, Gesetz und Freiheit. Das Problem des tertius usus legis bei Luther und die neutestamentliche Paränese, Göttingen [4]1968.

brauch des Gesetzes im Leben der Wiedergeborenen: „Der dritte Gebrauch, der der vornehmste ist und das eigentliche Ziel des Gesetzes in den Blick nimmt, bezieht sich auf die Glaubenden, in deren Herzen schon der Geist Gottes herrscht."[73] Bucer hatte schon in seinem Bericht über die Heidelberger Disputation vom 26. April 1518 an den väterlichen Freund Beatus Rhenanus Luther in diesem Sinn verstanden.[74] Dessen Gegenüberstellung von Gesetz und Evangelium wird zu einer Gegenüberstellung von heteronomem, als Zwangsmittel verstandenen Gesetz und dem geistlichen Gesetz, das aus innerem Antrieb befolgt wird.[75] So ist ein Einfluss von Bucers oberdeutscher Theologie auf das für die calvinische Reformation zentrale Anliegen, über die Reformation der *Lehre* die Reformation des *Lebens* voranzutreiben, anzunehmen.

Bis hin zu wörtlicher Übernahme reicht der Einfluss bei einem weiteren Charakteristikum calvinisch-reformierter Theologie: der Betonung der Einheit von altem und neuem Bund. Bucer hatte in seiner Auseinandersetzung mit den Täufern in Straßburg und Hessen ähnlich wie Zwingli und Heinrich Bullinger in Zürich die Kontinuität von altem und neuem Bund herausgestellt.[76] Gegen die Auffassung der Täufer, dass nur der Erwachsene bewusst glauben könne und darum zu taufen sei, betonte Bucer die Entsprechung der Taufe als Sakrament des neuen Bundes zur Beschneidung als Bundeszeichen des alten Bundes. Da diese ja offensichtlich an Neugeborenen vorgenommen werde, sei auch die Kindertaufe theologisch wohlbegründet. Calvin hat die entsprechenden Ausführungen Bucers weitgehend in seine überar-

[73] Inst. 1539, Kap. 3,101, CO 1, Sp. 433 (Übersetzung vom Vf.).

[74] Abgedr. in: Jean Rott (Hg.), Correspondance de Martin Bucer, Bd. 1 (Jusqu'en 1524), Leiden 1979, S. 58-71.

[75] Vgl. ebd., S. 62.

[76] Vgl. Martin Bucer, Dialogi, 1535, BDS 6/2, S. 130, Z. 5-11; vgl. auch ders., Bericht auß der heyligen geschrift, 1534, BDS 5, S. 182, Z. 16-26.

beitete *Institutio* von 1539 übernommen.[77] Wie Bucer versteht er den Unterschied zwischen neuem und altem Bund als nicht grundsätzlich, sondern nur relativ.

Schließlich findet sich bei Calvin wie bei Bucer das konzentrierte Interesse am Zusammenhang von Erwählung und Geistwirken Gottes. Auch Luther hatte in seiner gegen Erasmus gerichteten Schrift *Über den unfreien Willen* von 1525 die Auffassung vertreten, dass alles menschliche Heil an Gottes Vorherbestimmung und nicht an irgendwelchem menschlichen Mitwirken hänge. Zugleich hatte er aber jede weitere Spekulation in dieser Hinsicht abgelehnt. Vielmehr drängte er darauf, dass man sich an die Verheißung des biblischen Wortes halten solle, die allen gelte, die es glaubend ergriffen.

Bucer geht hier wie dann auch Calvin etwas andere Wege. Ausgehend von den biblischen Texten im Epheser- und Römerbrief und beeinflusst durch Augustin, betonen beide das erwählende Handeln Gottes. Dieses bilde zusammen mit dem Geistwirken Gottes den Ausgangspunkt des Heils des Menschen. Das Predigtgeschehen steht nicht in gleicher Weise im Zentrum wie bei Luther. Dieser hatte hier geradezu eine Verleiblichung des Gotteswortes in den Menschenworten angenommen und entsprechend den Anfang des Heils darin gesehen, dass der Glaubende das Verkündigungswort ergreift und für sich gelten lässt. Bucer und ähnlich Calvin betonen anders als Luther, dass Glauben auch allein durch den Geist ohne das Wort entstehen könne.

In Calvins Interesse am verborgenen Geisthandeln Gottes kann man statt einer persönlichen Prägung durch Bucer auch das

[77] Vgl. Inst. 1539, Kap. 7, CO 2, Sp. 801-830; vgl. ferner bes. Inst. 1559, Buch II, Kap. 10, § 2, OS 3, S. 404, Z. 5-7. 20-22; Inst. 1559, Buch II, Kap. 11, § 1, OS 3, S. 423, Z. 12f.; vgl. auch Inst. 1559, Buch II, Kap. 11, OS 3, S. 423-436 („De differentia unius Testamenti ab altero").

gemeinsame humanistische Erbe am Werk sehen. Bucers Einfluss auf Calvins Überlegungen zur Vorherbestimmung und Providenz ist jedoch sehr wahrscheinlich. Denn das entsprechende Kapitel findet sich eben in der in Straßburg entstandenen Überarbeitung der *Institutio* von 1539 zum ersten Mal.[78]

In bemerkenswert klarer Weise distanzierte sich Calvin von den zumeist sehr negativen Urteilen der anderen (lutherischen wie reformierten) Reformatoren über den „ewigen Vermittler" und theologisch unsicheren Kantonisten Bucer.[79] Nicht nur Luther und seine Nachfolger hatten Bucer als unglückseligen Vermittler, der die Theologie um der Diplomatie willen zu verraten bereit war, denunziert. Auch bei den Reformatoren im reformierten Bereich stand Bucer in denkbar schlechtem Ansehen. Exemplarisch sind die negativen Äußerungen Heinrich Bullingers, des Nachfolgers Zwinglis in Zürich. Auf wunderliche Weise werde die Straßburger Kirche von Bucer, dessen Geist nicht zur Ruhe kommen könne, gequält.[80] Anlässlich des Todes Luthers äußert Bullinger sogar die böse Bemerkung, es sei ihm noch lieber, wenn auch Bucer „vom Herrn heimgerufen würde"[81].

78 Vgl. Inst. 1539, Kap. 8, CO 1, Sp. 861-902.

79 Zu den Negativurteilen über Bucer und ihren Gründen vgl. Christoph STROHM, Martin Bucer, der unterschätzte Reformator. Über die Ursachen einer Abwertung, in: DERS. (Hg.), Bibliothek und Reformation. Miszellen aus der Johannes a Lasco Bibliothek Emden (Schriften der Johannes a Lasco Bibliothek, 4), Wuppertal 2001, S. 93-115

80 „Argentinensis Ecclesia mire vexatur a Bucero, cujus animus interquiescere non potest, jam enim conatur excommunicationem, nescio quam, invehere" (Heinrich Bullinger an Joachim von Watt, 18.1.1548, abgedr. in: Emil ARBENZ/Hermann WARTMANN [Hg.], Die vadianische Briefsammlung der Stadtbibliothek St. Gallen, Bd. 6, St. Gallen 1908, Nr. 1588, S. 697).

81 Zit. in: Martin LUTHER, Werke. Kritische Gesamtausgabe. Schriften, Bd. 54, Weimar 1928, S. 134f.

Am 18. Oktober 1539 schreibt Calvin in dem Widmungsbrief zum Römerbriefkommentar folgende Sätze über Bucer: „Dieser Mann, der, wie du weißt, an tiefer Bildung und reicher Kenntnis verschiedener Wissenszweige, an durchdringendem Geist, großer Belesenheit und vielen anderen Tugenden heutzutage kaum von irgendjemandem übertroffen wird, mit ganz wenigen zu vergleichen ist, ja, die Meisten weit überragt, verdient vor allem als sein eigenstes Lob, dass keiner, so weit man sich besinnen kann, mit sorgfältigerem Fleiß sich mit Schriftauslegung befasst hat.“[82] Mit guten Gründen ist die Theologie Calvins und des Calvinismus als eine Art „Butzerianismus“ höherer Ordnung bezeichnet worden.[83]

Nicht nur Bucer, sondern auch Calvin versuchte in dem bedrohlichen innerprotestantischen Abendmahlsstreit zu vermitteln. Calvin hatte die gefährliche Verwirrung, die der innerprotestantische Abendmahlsstreit in den Gemeinden bedeutete, klar gesehen. Aus diesem Grund widmete er dem Thema im Jahr 1541 eine *Petit traicté de la saincte cene* betitelte Schrift.[84] Die scharfen Auseinandersetzungen zwischen Luther und Zwingli in den zwanziger Jahren, die Unfähigkeit der beiden Seiten, sich sogar angesichts verschärfter Bedrohung durch die Altgläubigen auf dem Marburger Religionsgespräch 1529 in dieser Sache zu einigen, standen Calvin deutlich vor Augen. Gerade die Teilnahme an den Reichsreligionsgesprächen 1540/41 hatte ihm die gefährlichen Folgen der Uneinigkeit in der Abendmahlsfrage für die evangelische Sache in aller Klarheit vor Augen geführt. Calvin wollte die ihm persönlich bekannten Züricher und Basler Reformatoren dazu bewegen, die innerprotestantische Einigung

[82] Calvin an Simon Grynaeus, 18.10.1539, abgedr. in: CO 10, Sp. 404 (Übersetzung vom Vf.); vgl. auch CO 14, Sp. 104-106; CO 45, Sp. 4.

[83] Vgl. Reinhold SEEBERG, Lehrbuch der Dogmengeschichte, Bd. IV/2, Darmstadt [4]1954, S. 556.

[84] CO 5, Sp. 433-460; OS 1, S. 503-530; CStA 1/2, S. (431) 442-493.

nicht zu gefährden. Denn diese standen der 1536 von dem Straßburger Reformator Bucer zustande gebrachten Einigung in der Abendmahlslehre, der sogenannten Wittenberger Konkordie, die wiederum Ausgangspunkt der Leuenberger Konkordie von 1973 ist, ablehnend gegenüber.

Ohne den verhängnisvollen Abendmahlsstreit, der so viele Gewissen verwirrt habe, wiederaufrollen zu wollen, weist Calvin in dem *Petit traicté* auf die problematischen Zuspitzungen sowohl Luthers als auch Zwinglis und des Baseler Reformators Oekolampad hin. Luther habe bei seiner gegen die römische Transsubstantiationslehre entfalteten Auffassung von der leiblichen Gegenwart Christi im Abendmahl Vergleiche gezogen, die „ein bisschen hart und schroff" gewesen seien. Bei seiner Widerlegung der Transsubstantiationslehre habe er sich nicht verständlich machen können, „ohne einige unangemessene Ausdrücke zu verwenden"[85]. Auf der anderen Seite seien Zwingli und Oekolampad bei ihrer Kritik an der „abscheulichen Abgötterei", die sich in den letzten Jahrhunderten eingebürgert habe, über das Ziel hinaus geschossen. Sie „vergaßen zu erklären, welche Art von Gegenwart Jesu Christi wir im Abendmahl glauben und welcher Art von Gemeinschaft seines Leibes und Blutes wir darin teilhaftig werden. Und das in einem Maße, dass Luther meinte, sie wollten nichts als leere Zeichen gelten lassen, ohne deren geistliche Wirklichkeit. So begann er, ihnen die Stirn zu bieten, ja, sie als Ketzer zu denunzieren."[86]

Calvin interpretiert die Standpunkte der beiden Parteien recht wohlwollend und stellt seine eigenen Auffassungen als für beide Seiten akzeptable Mittelposition dar. Zwar lehnt er Luthers Tendenz einer räumlichen Einschließung der Gegenwart Christi in

[85] CO 5, Sp. 458; OS 1, S. 527; CStA 1/2, S. 487, Z. 42 – S. 489, Z. 2.
[86] CO 5, Sp. 458; OS 1, S. 528; CStA 1/2, S. 489, Z. 18-23.

den Elementen ab, aber er legt alles Gewicht auf das Festhalten der – geistlich zu verstehenden! – Gegenwart Christi im Abendmahl. Wie Luther betont er, dass das Sakrament neben dem Wort das Mittel ist, „durch das uns der Herr in die Gemeinschaft mit Jesus Christus führt“[87]. Kurz vorher hatte sich Luther in einem Brief an Bucer sehr positiv über Calvin geäußert und ihn grüßen lassen. Er habe Calvins Antwortschrift an Kardinal Sadolet „mit außerordentlicher Freude“[88] gelesen – eine Schrift, in der Calvin 1539 immerhin die gleiche Abendmahlslehre vertreten hat wie in dem *Petit traicté* von 1541.

Gleichwohl markierte die pointierte Geistorientierung Calvins sowohl in der Abendmahlslehre als auch in der Theologie insgesamt einen Unterschied zu Luther. Mit Erasmus, aber auch Zwingli und Oekolampad hat Calvin Gottes Handeln in der Welt als Geisthandeln verstanden. Eine Verbindung Gottes mit dem Leiblich-Materiellen, wie sie Luthers pointierte Rede von der leiblichen Realpräsenz und die lutherische Betonung der Inkarnation voraussetzte, war den in ihren frühen Jahren an platonischer Philosophie geschulten, humanistisch orientierten Reformatoren unmöglich. Auch Calvin verstand die biblischen Texte (wie zum Beispiel Joh 4,24: „Gott ist Geist, und die ihn anbeten, die müssen ihn im Geist und in der Wahrheit anbeten.“) in diesem Sinne. Jedoch sind es nicht Zwingli und Oekolampad, die Calvin an dieser Stelle beeinflusst haben, sondern der Straßburger Reformator Martin Bucer.[89] Dieser hat hier wie bei anderen für

[87] CO 5, Sp. 435; OS 1, S. 505; CStA 1/2, S. 447, Z. 12f.

[88] „cum singulari voluptate“ (Martin LUTHER, Werke. Kritische Gesamtausgabe, Briefe, Bd. 8, Weimar 1938, S. 569, Z. 30f.).

[89] Vgl. Willem VAN'T SPIJKER, Die Lehre vom Heiligen Geist bei Bucer und Calvin, in: Wilhelm H. NEUSER (Hg.), Calvinus Servus Christi. Die Referate des Congrès International des Recherches Calviniennes [...] vom 25. bis 28. August 1986 in Debrecen, Budapest 1988, S. 73-106.

Calvin und den Calvinismus charakteristischen Lehren erheblichen oder sogar prägenden Einfluss ausgeübt. Die Orientierung am Geisthandeln Gottes gehört ebenso dazu wie das zwischen Luther beziehungsweise seinen Nachfolgern und den Schweizer Theologen vermittelnde Bestreben im Konflikt um das Verständnis des Abendmahls.

Der zwischen Luthertum und Zwinglianismus vermittelnde Charakter der Theologie Calvins, der eine Fortsetzung der Bucer'schen Vermittlungstheologie darstellt, ist im Zuge der Auseinandersetzungen des konfessionellen Zeitalters verdrängt und vergessen worden. Der Züricher Reformator Bullinger klagte in einem Brief an Calvins Nachfolger Theodor Beza über Calvins Uneindeutigkeit in der Abendmahlslehre und darüber, dass Bucer daran schuld sei.[90] Calvin war der wichtigste Erbe der Vermittlungstheologie Bucers, die sich im Südwesten des Reichs mit seiner hochentwickelten humanistischen Kultur und seiner Mittellage in einer Situation des Aufeinandertreffens zürich-zwinglianischer und wittenbergisch-lutherischer Einflüsse formiert hatte.

[90] Vgl. Heinrich Bullinger an Theodor Beza, 4.12.1571, in: Correspondance de Théodore de Bèze, Bd. 1-21, auf der Grundlage der Sammlung von Hippolyte Aubert hg. von Henry Meylan/Alain Dufour et al., Genf 1960ff. [fortlaufend], Bd. 12, S. 245f. Beza urteilte nicht weniger kritisch über Bucer als Bullinger: „Ut autem semel finim, pretiosa est apud nos domini Buceri et eorum quos nominas memoria, sicuti esse debet, sed hoc certe nemo non videt, obscurius illum aliquando tum de his mysteriis, tum etiam aliis multis de rebus esse locutum, sive quod non omnibus datum sit perspicue animi sensa explicare, sive quod, dum concordiae totus studet, speravit se ipsa etiam repugnantia alio modo posse conciliare, quod studium, etsi per se est laudabile, praesertim in tanti judicii viro, tamen quam infeliciter aliquoties ab eo sit tentatum, res ipsa demonstrat. Itaque multo rectius feceris (quod cum illlius pace dictum sit), si ex clarioribus et certioribus aliorum quorundam ac praesertim domini Martyris scriptis sapere in hoc saltem argumento didiceris“ (Th. Beza an Cassiodore de Reina, 23.6.1565, ebd., Bd. 6, S. 115).

3.3 Reformierte Bekenntnisbildung in der Kurpfalz (Heidelberger Katechismus 1563)

Nachdem der Südwesten in den 1530er-Jahren die Region gewesen war, in der Modelle der Vermittlung erarbeitet worden waren, erfolgten hier in der zweiten Hälfte des 16. Jahrhunderts zentrale Schritte der lutherischen und reformierten Konfessionalisierung.

Eine erste wesentliche Entwicklung war der Übergang der Kurpfalz zum reformierten Protestantismus unter Kurfürst Friedrich III. seit dem Jahr 1559. Dieser Schritt war nicht zuletzt eine Folge der Nähe der pfälzischen Gebiete zu Westeuropa.[91] Friedrich III. war am lothringischen Hof zu Nancy, am fürstbischöflichen Hof von Lüttich und am Hof Karls V. in Brüssel erzogen worden. So verstand und sprach er selbstverständlich Französisch und hatte schon von daher einen viel unmittelbareren Zugang zu

[91] Vgl. Christoph Strohm, Der Heidelberger Katechismus und Westeuropa, in: Johannes Ehmann (Hg.), Der Heidelberger Katechismus und seine Verbreitung in den Territorien des Reichs. Studien zur deutschen Landeskirchengeschichte (Veröffentlichungen zur badischen Kirchen- und Religionsgeschichte, 5), Stuttgart 2015, S. 27-39. Übersicht zur kurpfälzischen Reformationsgeschichte in: Schindling/Ziegler, Kurpfalz, Rheinische Pfalz und Oberpfalz, in: dies. (Hg.), Territorien, Bd. 5 (s. Anm. 55), S. 8-49; vgl. ferner grundlegend Eike Wolgast, Reformierte Konfession und Politik im 16. Jahrhundert. Studien zur Geschichte der Kurpfalz im Reformationszeitalter (Schriften der Philosophisch-historischen Klasse der Heidelberger Akademie der Wissenschaften, 10), Heidelberg 1998; Claus-Peter Clasen, The Palatinate in European History, 1559-1660, Oxford 1963; Volker Press, Calvinismus und Territorialstaat. Regierung und Zentralbehörden der Kurpfalz 1559-1614 (Kieler Historische Studien, 7), Stuttgart 1970; Frieder Hepp, Religion und Herrschaft in der Kurpfalz um 1600. Aus der Sicht des Heidelberger Kirchenrats Dr. Marcus zum Lamm (1544-1606) (Buchreihe der Stadt Heidelberg, 4), Heidelberg 1993; Armin Kohnle, Kleine Geschichte der Kurpfalz, Leinfelden-Echterdingen 2005. Umfassende Auflistung der Literatur in: Volker Hartmann/Wilhelm Kühlmann, Heidelberg als kulturelles Zentrum der Frühen Neuzeit. Grundriß und Bibliographie, Heidelberg 2012.

den Verhältnissen in Westeuropa als andere Reichsfürsten. Der Briefwechsel Friedrichs III. zeugt seit 1559 von seiner intensiven, ständigen Anteilnahme an den Entwicklungen in Frankreich.[92] Im gleichen Jahr, in dem Friedrich die pfälzische Kurwürde übernahm, wurde Franz II. König von Frankreich.

Ein Jahr zuvor, am 24. April 1558, hatte dieser Maria Stuart, die Königin von Schottland und katholische Anwärterin auf den englischen Königsthron, geheiratet. Die katholischen Herzöge von Guise gewannen an Einfluss und die Verfolgungen der Protestanten verschärften sich spürbar. Die Zahl der Todesurteile gegen die Häretiker stieg sprunghaft an. Der prominenteste Fall war die Hinrichtung des hochangesehenen Juristen und Parlamentsrats am königlichen Hof, Anne Du Bourg.

Abb. 8: Hinrichtung des Parlamentsrats Anne du Bourg 1559

[92] Vgl. August Kluckhohn, Briefe Friedrich des Frommen, Kurfürsten von der Pfalz, mit verwandten Schriftstücken, Bd. I: 1559-1566; Bd. II/1: 1567-1572; Bd. II/2: 1572-1576, Braunschweig 1868/1870/1872; vgl. dazu Strohm, Heidelberger Katechismus (s. Anm. 91), S. 30-32.

Im November 1559 kam Theodor Beza aus Genf nach Heidelberg, um beim Kurfürsten um Unterstützung zu werben. Friedrich tat das in einem von Beza entworfenen Schreiben und bat den französischen König, den berühmten Juristen an die Universität Heidelberg gehen zu lassen.[93] Aber alle Bemühungen konnten nicht verhindern, dass Du Bourg am 23. Dezember 1559 in Paris hingerichtet wurde; ein Skandal, der gerade unter Juristen die Hinwendung zur evangelischen Bewegung verstärkte.

Anfangs schien Friedrich III. die Kirchenpolitik seines Vorgängers Ottheinrich mit der klaren Abgrenzung gegenüber dem Katholizismus und einer Offenheit für die oberdeutsche Reformation ohne große Veränderungen fortzusetzen. Mehrere Faktoren führten jedoch bald zu einer Hinwendung zum reformierten Protestantismus. Am Anfang standen Auseinandersetzungen um die Abendmahlslehre an der Heidelberger Heiliggeistkirche im Jahr 1559. Zu deren Eskalation trugen die beiden wenig kompromissfähigen Hauptkontrahenten wesentlich bei. Der junge Wilhelm Klebitz, im Januar 1558 von Ottheinrich als Diakon beziehungsweise Hilfsprediger an der Heiliggeistkirche angestellt, hatte zwinglianisch erscheinende Abendmahlsdeutungen vertreten. Dies fand den heftigsten Widerspruch des lutherisch gesinnten Generalsuperintendenten Tileman Heshusen.

Ein obrigkeitliches Gebot konnte weitere öffentliche Beschimpfungen nicht verhindern. So wurde die Amtsenthebung der beiden Kontrahenten unumgänglich. Diesen Auseinandersetzungen kommt insofern eine katalytische Bedeutung beim Übergang der Kurpfalz zum reformierten Protestantismus zu, als

93 Vgl. Johann Wilhelm Baum, Theodor Beza, nach handschriftlichen und anderen gleichzeitigen Quellen dargestellt, Bd. 2, Leipzig 1851, S. 35; August Kluckhohn, Friedrich der Fromme, Kurfürst von der Pfalz, der Schützer der reformirten Kirche 1559-1576, Nördlingen 1879, S. 305.

Abb. 9: Tileman Heshusen (1527-1588)

das harsche Auftreten Heshusens beim Kurfürsten und anderen in seiner Umgebung Abgrenzungen von dieser Art lehrgesetzlichem Luthertum provozierte.[94]

Noch wichtiger für den Übergang der Kurpfalz zum reformierten Protestantismus war die wachsende „Präsenz" der westeuropäischen Protestantenverfolgungen in der Kurpfalz. Dadurch kam es zu einer verschärften Abgrenzung gegenüber katholischen Lehren. Innerhalb weniger Jahre gelangte eine Vielzahl

[94] Vgl. Burcard Gotthelf STRUVE, Ausführlicher Bericht von der Pfältzischen Kirchen-Historie [...], Frankfurt a. M. 1721, S. 76-84. In den Auseinandersetzungen spielten die Melanchthon schon länger verbundenen Grafen zu Erbach als Gegner Heshusens eine wichtige Rolle (vgl. Heinz SCHEIBLE, Melanchthon und die Grafen von Erbach [2003], in: DERS., Aufsätze zu Melanchthon [Spätmittelalter, Humanismus, Reformation, 49], Tübingen 2010, S. 431-446).

von Theologen, Juraprofessoren und Räten, die entweder selbst aus Westeuropa stammten beziehungsweise dort studiert hatten oder in irgendeiner Weise von den Protestantenverfolgungen in England, den spanischen Niederlanden und Frankreich betroffen waren, in führende Stellungen in der Kurpfalz.

Abb. 10: Caspar Olevian (1536-1587)

Am 22. Februar 1560 wurde der Trierer Jurist und Theologe Caspar Olevian an der Universität immatrikuliert und im gleichen Jahr auch Mitglied des kurpfälzischen Kirchenrats. Er übernahm ferner die Leitung des im November 1556 eröffneten Sapienzkollegs sowie am 8. Juli 1561 die dritte Professur (Dogmatik) an der Theologischen Fakultät. Olevian hatte seit 1549/50 in Paris und Orléans und seit 1556 in Bourges die Rechtswissenschaften studiert und war im März 1558 zum Theologiestudium nach Genf und später Zürich gewechselt. Er hatte durch den Entwurf der im November 1563 publizierten pfälzischen Kirchenordnung und anderer Ordnungen sowie die Tätigkeit im Kirchenrat einen maßgeblichen Anteil am Übergang der Kurpfalz zum calvinistisch-reformierten Protestantismus.

Abb. 11: Petrus Dathenus (1531-1588)

Die „Präsenz" der Protestantenverfolgungen Westeuropas in der kurpfälzischen Politik und im Leben am Hof und an der Universität in Heidelberg verstärkte sich durch die Ansiedlung von Flüchtlingsgemeinden in ehemaligen Klöstern.[95]

[95] Vgl. Cornel A. ZWIERLEIN, Heidelberg und „der Westen" um 1600, in: Christoph STROHM/Joseph S. FREEDMAN/Herman J. SELDERHUIS (Hg.), Späthumanismus und

Vor allem der vor den Verfolgungen in Flandern geflohene Prediger Petrus Dathenus, der am 3. Juni 1562 mit ungefähr sechzig Familien im ehemaligen Kloster Frankenthal Heimat fand, wurde schnell zu einem wichtigen theologischen Berater des Kurfürsten. Nachdem Dathenus 1566 noch einmal für kurze Zeit in die Niederlande zurückgekehrt war, wurde er von 1569/70 bis zum Tod des Kurfürsten 1576 dessen Hofprediger und erlangte entscheidenden Einfluss auf die kurpfälzische Konfessionspolitik.[96] Bereits im Jahr 1564 gehörte er zu den engsten theologischen Beratern des Kurfürsten. Noch in den sechziger Jahren folgte die Ansiedlung weiterer Flüchtlingsgemeinden im ehemaligen Zisterzienserkloster Schönau sowie in Otterberg und Lambrecht.

Dathenus und andere westeuropäische Glaubensflüchtlinge übten einen maßgeblichen Einfluss auf die in Heidelberg residierenden Kurfürsten aus. Man nahm Anteil am Schicksal der in ihrer westeuropäischen Heimat verfolgten Glaubensbrüder und -schwestern. So war es konsequent, dass sich Heidelberg immer mehr zum Zentrum einer Politik entwickelte, die der habsburgisch-katholischen Bedrohung eine starke Allianz der protestantischen Mächte Westeuropas und des deutschen Reichs – schließlich auch unter Einschluss Englands – entgegenzustellen suchte. Die Kehrseite dieses Bemühens war die wachsende Entfremdung von den lutherischen Mächten.

Diejenigen, die sich als profilierte Anhänger Luthers diesen Entwicklungen entgegenstellten, verloren bereits Anfang der

reformierte Konfession. Theologie, Jurisprudenz und Philosophie in Heidelberg an der Wende zum 17. Jahrhundert. Beiträge zum internationalen Symposium vom 19. bis 21. November 2004 in der Johannes a Lasco Bibliothek Emden (SuR. NR 31), Tübingen 2006, S. 27-92, hier: S. 42f.

[96] Vgl. Tobias Schreiber, Petrus Dathenus und der Heidelberger Katechismus. Eine traditionsgeschichtliche Untersuchung zum konfessionellen Wandel in der Kurpfalz um 1563 (Refo500 Academic Studies, 32), Göttingen 2016.

sechziger Jahre ihren Einfluss und dann auch ihre Stellung. Diejenigen, die einen moderateren, an Melanchthon orientierten Standpunkt vertraten, gerieten angesichts der dominanten Ausrichtung am geistigen, politischen und militärischen Bündnis mit den westeuropäischen Glaubensbrüdern in die Defensive.

Abb. 12: Zacharias Ursinus (1534-1583)

Als wichtigster Vertreter dieser Richtung ist wohl Zacharias Ursinus zu nennen.[97] Der aus Schlesien Stammende wurde im

[97] Vgl. Gustav Adolf BENRATH, Zacharias Ursinus 1534-1583, Neustadt an der Weinstraße 1970; Erdmann K. STURM, Der junge Zacharias Ursin. Sein Weg vom Philippismus zum Calvinismus (1534-1562) (BGLRK 33), Neukirchen-Vluyn 1972; Derk VISSER, The Reluctant Reformer. His Life and Times, New York 1983; Christopher J. BURCHILL, On the Consolation of a Christian Scholar. Zacharias Ursinus (1534-83) and the Reformation in Heidelberg, in: JEH 37 (1986), S. 565-583;

Herbst 1561 als Nachfolger Olevians am Sapienzkolleg berufen und war seit August 1562 als Inhaber der dritten Professur (Dogmatik) an der Theologischen Fakultät der Universität Heidelberg tätig. Zwar hat auch Ursinus von Herbst 1557 bis Frühjahr 1558 neben dem Studium in Zürich eine Studienreise nach Frankreich und Genf unternommen, prägend blieb jedoch das Studium bei Melanchthon in Wittenberg. Die Kritik an der Ausrichtung der kurpfälzischen Politik auf die westeuropäischen Konflikte ist in seinem Briefwechsel belegt. Im Mai 1568 ließ Ursinus dem Kurfürsten eine Denkschrift zukommen, in der er über die unberufene Einmischung in die französischen Kriege Klage erhebt und zugleich die Vernachlässigung der inneren kirchlichen Angelegenheiten kritisiert.

Dem Melanchthon-Schüler Ursinus kam als Dogmatik-Professor die Aufgabe zu, die angestrebte konfessionelle Orientierung durch die Abfassung eines Katechismus zu stützen. Der von ihm unter Mitwirkung Olevians und anderer kurpfälzischer Theologen erarbeitete und 1563 gedruckte Heidelberger Katechismus wurde nicht nur in der Kurpfalz in Geltung gesetzt, sondern durch Dathenus schnell auch im niederländischen Protestantismus verbreitet.

Er verband melanchthonisch-vermittelnde Gesichtspunkte mit der scharfen Abgrenzung gegen die römische Lehre, wie sie die westeuropäischen Glaubensflüchtlinge mit ihren Verfolgungserfahrungen vertraten. Gerade weil sich die unterschiedlichen Richtungen des reformierten Protestantismus in ihm wiederfinden konnten, war ihm eine schnelle und ganz außerordentliche Verbreitung auch weit über Europa hinaus beschieden.[98] Auch

Boris Wagner-Peterson, Doctrina schola vitae. Zacharias Ursinus (1534-1583) als Schriftausleger (Refo500 Academic Studies, 13), Göttingen 2013.

[98] Vgl. Christoph Strohm, Der Heidelberger Katechismus im Kontext des Calvinismus des 16. und 17. Jahrhunderts, in: Karla Apperloo-Boersma/Herman J. Sel-

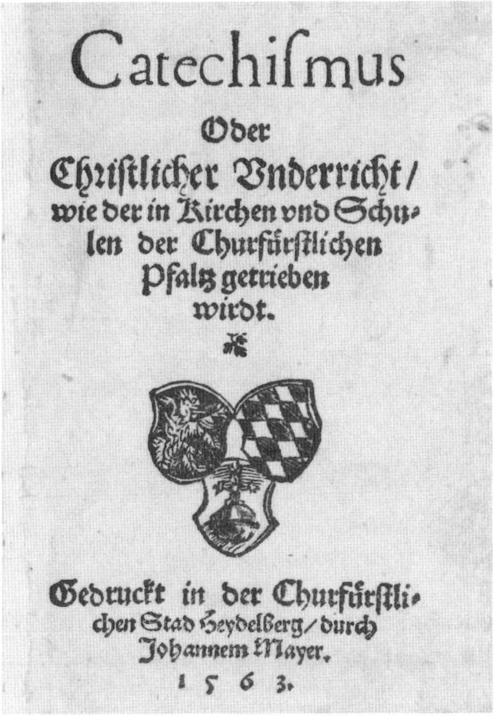
Catechiſmus
Oder
Chriſtlicher Underricht/
wie der in Kirchen vnd Schu-
len der Churfürſtlichen
Pfaltz getrieben
wirdt.

Gedruckt in der Churfürſtli-
chen Stad Heydelberg/ durch
Johannem Mayer.
1 5 6 3.

Abb. 13: Titelblatt des Heidelberger Katechismus, 3. Ausg., 1563

war er in Inhalt und Form so gestaltet, dass er nicht allein als Unterrichtsbuch wirken konnte. Er wurde auch als zusammenfassende Darstellung der christlichen Lehre gelesen und diente in diesem Sinn als Bekenntnis, das Orientierung über wahre und falsche Deutungen gab. Ferner hat der Heidelberger Katechismus eine reiche Wirkungsgeschichte als Erbauungs-, Trost- und Gebetbuch entfaltet.

DERHUIS, in Zusammenarb. mit Frieder HEPP, Karin TEBBE et al. (Hg.), Macht des Glaubens. 450 Jahre Heidelberger Katechismus, Göttingen 2013, S. 97-105.

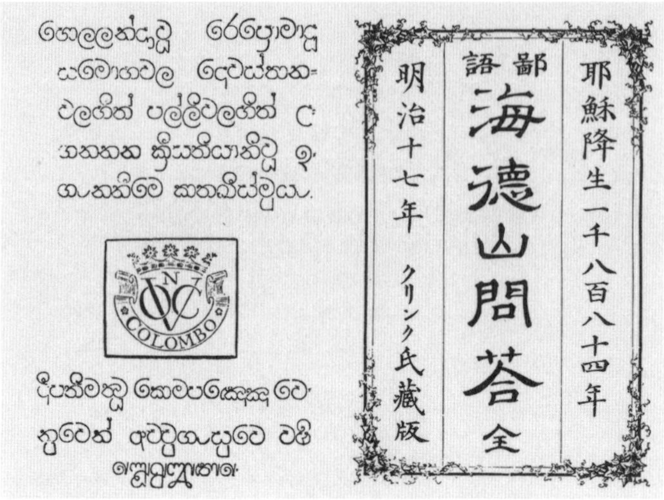

Abb. 14: Titelblätter einer singalesischen und japanesischen Übersetzung des Heidelberger Katechismus

3.4 Lutherische Bekenntnisbildung in Württemberg (Konkordienformel 1577)

Nicht nur der Heidelberger Katechismus als wohl wirkungsreichstes reformiertes Bekenntnis ist im Südwesten des Reichs entstanden, sondern auch das abschließende lutherische Bekenntnis, die Konkordienformel von 1577, hat hier wesentliche Wurzeln. Das ist kein Zufall, sondern eine Reaktion auf die Entwicklungen in der Kurpfalz.[99]

Die Hinwendung der Kurpfalz zum reformierten Protestantismus unter Kurfürst Friedrich III. bewirkte eine verschärfte lutherische Konfessionalisierung in den Nachbarterritorien, insbesondere im Herzogtum Württemberg. Kurfürst Friedrich III. hatte Philipp Melanchthon um ein Gutachten im Streit um das

[99] Literatur zur württembergischen Reformationsgeschichte siehe oben Anm. 57.

Abendmahl gebeten.[100] Darin votierte Melanchthon Ende 1559 für ein offenes, der reformierten Auffassung nahes Verständnis der Gegenwart Christi im Abendmahl.[101] Da die Auseinandersetzungen um das Abendmahl in Heidelberg reichsweit Aufmerksamkeit erregten, blieb Melanchthons Position nicht verborgen und erfuhr Kritik durch die strengen Lutheraner.[102]

Der Streit um das rechte Verständnis der Gegenwart Christi im Abendmahl brach wieder auf, diesmal nicht zwischen Reformierten und Lutheranern, sondern zwischen Anhängern der moderaten Lehre Melanchthons und den strengen Lutheranern, die sich als Hüter des wahren Erbes Luthers sahen. Es begann ein Streit um die Abendmahlslehre der Confessio Augustana, da hiervon verschiedene Fassungen mit unterschiedlichen inhaltlichen Tendenzen existierten. Schon die lateinische Fassung des Textes wich von der deutschen, vor dem Kaiser auf dem Augsburger Reichstag am 25. Juni 1530 vorgetragenen bei der Darstellung der Abendmahlslehre ab. Darüber hinaus hatte Melanchthon 1540 den Text überarbeitet, um die reformiert gesinnten Protestanten in das Verteidigungsbündnis der evangelischen Reichsstände, den Schmal-

[100] Philipp MELANCHTHON, Iudicium de controversia de coena Domini 1560, in: Robert STUPPERICH (Hg.), Melanchthons Werke in Auswahl, Bd. 6: Bekenntnisse und kleine Lehrschriften, Gütersloh 1955, S. 482-486; Regest in: MBW 9119.

[101] Die Gegenwart Christi im Abendmahl wird strikt an den Vollzug des Abendmahls, nicht an die Elemente gebunden (vgl. Heinz SCHEIBLE, Melanchthons Bedeutung für die pfälzische Kirche [2010], in: DERS., Beiträge zur Kirchengeschichte Südwestdeutschlands [Veröffentlichungen zur badischen Kirchen- und Religionsgeschichte, 2], Stuttgart 2012, S. 373-392, hier: S. 384-386).

[102] Die Auseinandersetzungen um das Abendmahl an der Heidelberger Heiliggeistkirche im Jahr 1559 weiteten sich zu einer publizistischen Schlacht aus, die dann im Kampf um den Heidelberger Katechismus in den Jahren nach 1563 eine Fortsetzung fand. Vgl. zuletzt Charles D. GUNNOE, Jr., Thomas Erastus and the Palatinate. A Renaissance Physician in the Second Reformation (Brill's Series in Church History, 48), Leiden/Boston 2011, S. 63-131.

kaldischen Bund, aufnehmen zu können. In der ursprünglichen Fassung von 1530 war noch eine scharfe Abgrenzung gegen alle formuliert, die die Gegenwart des Leibes und Blutes Christi in den Elementen Brot und Wein leugneten. In Melanchthons Fassung von 1540 war diese Abgrenzung entfallen. Die Art und Weise der Gegenwart Christi wurde nur noch recht zurückhaltend zum Ausdruck gebracht. Der Leib Christi sei in irgendeiner Weise „mit dem Brot" gegenwärtig. Melanchthons überarbeitete Fassung der Confessio Augustana von 1540 erreichte durchaus ihr Ziel, da zumindest die südwestdeutschen, zwischen Zwingli und Luther stehenden Städte diese Fassung unterschreiben und dem Bündnis der Protestanten beitreten konnten.

Abb. 15: Philipp Melanchthon (1497-1560)

Die Auseinandersetzungen um das rechte Verständnis des Abendmahls in Heidelberg seit dem Jahr 1559 brachten die Unterschiede zwischen der ursprünglichen Fassung der Confessio Augustana und derjenigen von 1540 überhaupt ins Bewusstsein breiterer Kreise. Erst jetzt wurde die von Melanchthon 1540 in der Abendmahlslehre gemilderte und bis dahin weithin anerkannte Fassung des Augsburger Bekenntnisses in Frage gestellt.

Das zeigte sich erstmals auf dem Naumburger Fürstentag am Beginn des Jahres 1561 (20. Januar bis 8. Februar 1561).[103] Hier wollten die versammelten evangelischen Fürsten vor dem Kaiser ihre Einigkeit dokumentieren, aber der jetzt ins Zentrum tretende Streit um die rechte Fassung der Confessio Augustana – die ursprüngliche von 1530 oder die von Melanchthon veränderte von 1540 – verhinderte das.[104] Der Versuch, die veränderte Fassung von 1540 mit ihrer modifizierten Lehre von der Realpräsenz Christi im Abendmahl als authentische Interpretation der Fassung von 1530 aufzuwerten, führte zur demonstrativen Abreise des sächsischen Herzogs Johann Friedrich des Mittleren. Dieser organisierte nun konsequent die Stärkung der antimelanchthonischen Kräfte. Entscheidend dabei war, dass es ihm gelang, die württembergischen Theologen auf seine Seite zu ziehen. Hier kam den Heidelberger Entwicklungen – der In-Kraft-Setzung der Abendmahlslehre von Melanchthons Gutachten durch Kurfürst Friedrich III. im Jahr 1560[105] und dem Heidelberger Katechis-

[103] Vgl. Robert CALINICH, Der Naumburger Fürstentag 1561. Ein Beitrag zur Geschichte des Lutherthums und des Melanchthonismus aus den Quellen des Königlichen Hauptstaatsarchivs zu Dresden, Gotha 1870.

[104] Man unterschrieb die 1530 in Wittenberg erschienene Quartausgabe der Confessio Augustana (und ihre lateinische Oktavausgabe von 1531). Um der Vorherrschaft melanchthonischer Orientierung gerecht zu werden, verfasste man zugleich eine Vorrede, welche die Confessio Augustana variata von 1540 als Wiederholung und Erklärung der Fassung von 1530 bezeichnete (vgl. Ernst KOCH, Art. Konkordienformel, in: TRE 19, Berlin/New York 1990, S. 476-483, bes. S. 477).

[105] Der Kurfürst ließ das Gutachten, das die melanchthonisch-calvinische Sicht der Gegenwart Christi im Abendmahl vertrat, drucken und für alle Geistlichen des Landes für verbindlich erklären. Am 12. August 1560 erfolgte der Befehl, dass diejenigen, die sich der melanchthonischen Sakramentslehre nicht anschließen

mus von 1563 – eine entscheidende Bedeutung zu, und zwar in einem eminent polarisierenden, konfessionalisierenden Sinn.

Insbesondere in der unmittelbaren Nachbarschaft, im Herzogtum Württemberg, sah man die Pfälzer Entwicklungen als Bedrohung an. Nachdem ein Gespräch führender Theologen der Kurpfalz und Württembergs in Maulbronn im April 1564 ohne Ergebnis geblieben war, profilierte Herzog Christoph von Württemberg sein Territorium als lutherische Gegenmacht.[106] Angesichts der gemeinsamen Bedrohung durch den wiedererstarkenden Katholizismus und der von den Jesuiten angeführten kraftvollen Gegenreformation vermied man den klaren Bruch mit der refor-

konnten, das Land zu verlassen hätten (vgl. WOLGAST, Reformierte Konfession [s. Anm. 91], S. 38f.).

[106] Das Gespräch fand vom 10. bis 15. April 1564 auf Veranlassung Herzog Christophs von Württemberg statt. Es führte jedoch nicht zu einer Verständigung, sondern ganz im Gegenteil zu einem verschärften Gegensatz. Schon die Unterschiede der von beiden Seiten geführten Protokolle waren Anlass zum Streit. Vgl. Protocoll Das ist, Acta oder Handlungen des Gesprechs zwischen den Pfältzischen vnd Wirtembergischen Theologen, von der Vbiquitet oder Allenthalbenheit des Leibs Christi [...] Jm April des Jars 1564. zu Maulbrun gehalten. Jtem, Der Wirtembergischen Theologen von gemeldtem Gesprech desselben jares außgangener Bericht. Samt der Pfältzischen Theologen warhafftigem vnd bestendigem Gegenbericht, s.l. [Heidelberg] 1565; [Johannes Brenz], Christliche vnd in Gottes Wort gegründte Erklärung, Der Würtenbergischen Theologen Bekanndtnuß, von der Maiestet des Menschen Christi, zů der Gerechten des Vatters, vnnd der warhafftigen Gegenwertigkeit seines Leibs vnd Blůts im heiligen Abendtmal. Zů erleütterung vnnd Apologi des Maulbrunnischen [...] Protocols, Tübingen 1565; vgl. dazu Heinrich HERMELINK, Geschichte der evangelischen Kirche in Württemberg von der Reformation bis zur Gegenwart, Stuttgart/Tübingen 1949, S. 116f.; Julius WAGENMANN, Art. Maulbronn, in: Realencyclopädie für protestantische Theologie und Kirche, hg. von Albert HAUCK, Bd. 12, Leipzig [3]1903, S. 441-445; Hans Christian BRANDY, Brenz' Christologie und ihre von Jakob Andreä vertretene Form. Das Maulbronner Kolloquium 1564, in: BWKG 100 (2000), S. 58-83; LANGENSTEINER, Für Land und Luthertum (s. Anm. 57), S. 392-399.

mierten Kurpfalz.[107] Gleichwohl sah man sich herausgefordert, der Gefahr, die vom calvinistisch-reformierten Protestantismus auszugehen schien, ebenso entgegenzutreten wie den Altgläubigen.[108] Es war daher konsequent, dass die Einigungsbemühungen im Luthertum gerade in Württemberg die nachhaltigste Förderung erfuhren. Die Entstehung der lutherischen Konkordienformel von 1577 und die im Konkordienbuch von 1580 zu einem vorläufigen Ende gekommene lutherische Bekenntnisbildung haben hier wesentliche Ursachen.

Abb. 16: Jakob Andreä (1528-1590)

[107] Zu den heftigen Auseinandersetzungen Straßburgs mit den Jesuiten in Molsheim vgl. SCHINDLING, Humanistische Hochschule (s. Anm. 52), S. 377.

[108] Zur kritischen Auseinandersetzung lutherischer Theologen aus Württemberg mit dem Heidelberger Katechismus vgl. Ernst BIZER, Studien zur Geschichte des Abendmahlsstreits im 16. Jahrhundert, Darmstadt (1940) ^{2}1963, S. 300-362.

Der Zusammenhang der verschärften lutherischen Konfessionalisierung in Württemberg mit der reformierten Konfessionalisierung in der Kurpfalz seit 1559 lässt sich an der theologischen Entwicklung Jakob Andreäs, des Hauptverfassers der Konkordienformel, aufzeigen.[109] Von 1562 bis 1590 als Theologieprofessor an der Universität Tübingen sowie als Kanzler und Stiftspropst tätig, wurde er zur treibenden Kraft bei der Abfassung des lutherischen Einigungswerks. Bis Ende der 1550er-Jahre hatte er wie die Mehrheit der protestantischen Theologen und Fürsten im Reich ein melanchthonisches Luthertum vertreten. Das zeigte sich bei der Zusammenkunft der wichtigsten evangelischen Fürsten des Reichs – darunter drei weltliche Kurfürsten – im Jahr 1558 in Frankfurt a. M. Hier suchte man eine Einigung in strittigen Fragen und orientierte sich bei der erzielten Einigungsformel selbstverständlich – so muss man sagen – an Melanchthons Theologie.[110] Dieser sogenannte Frankfurter Rezess vertrat eine Abendmahlslehre, welche derjenigen der Confessio Augustana variata von 1540 entsprach.[111] Bis in die Formulierungen hinein lehnte man sich an die von Melanchthon und Bucer zustande gebrachte Wittenberger Konkordie von 1536 an.[112] Die klar melan-

[109] Zu Jakob Andreäs Anteil an der Abfassung der Konkordienformel vgl. Robert KOLB, Andreae and the Formula of Concord, Six Sermons on the Way to Lutheran Unity, Saint Louis 1977.

[110] Gustav Wolf hält den Pfalz-Zweibrücker Kanzler Ulrich Sitzinger für den Endredaktor (vgl. DERS., Zur Geschichte der deutschen Protestanten 1555-1559. Nebst einem Anhang von Archivalischen Beilagen, Berlin 1888, S. 125 Anm. 1). Sitzinger hatte bei Melanchthon in Wittenberg studiert und war mit einer Nichte Melanchthons verheiratet. Den Hinweis auf Sitzinger verdanke ich Heinz Scheible.

[111] Text des Frankfurter Rezesses vom 18. März 1558 in: Philipp MELANCHTHON, Opera quae supersunt omnia, hg. von Carl Gottlieb BRETSCHNEIDER/Ernst BINDSEIL, 28 Bde. (Corpus Reformatorum, 1-28), Halle/Braunschweig 1834-1860; Nachdr. Frankfurt a. M. 1963, Bd. 9, Sp. 489-507.

[112] Ebd., Sp. 499f.

chthonische Abendmahlslehre wurde hier nicht nur vom hessischen Landgrafen Philipp sowie dem sächsischen Kurfürst August und dem brandenburgischen Kurfürst Joachim II. unterzeichnet, sondern ebenso von dem pfälzischen Kurfürsten Ottheinrich, Markgraf Karl II. von Baden und den nachmaligen scharfen Gegnern der kurpfälzischen Reformierten, Herzog Christoph von Württemberg und Pfalzgraf Wolfgang von Pfalz-Zweibrücken.[113]

Andreä hat den melanchthonischen Konsens voll geteilt.[114] In einem Brief an Paul Eber am 17. Juli 1558 grenzte er sich in aller Schärfe von den lutherischen Theologen („turbulentos theologos") ab, welche gegen den Frankfurter Rezess agierten.[115] Innerhalb

[113] Unterzeichner: Kurfürst Ottheinrich von der Pfalz, Kurfürst August von Sachsen, Landgraf Philipp von Hessen, Kurfürst Joachim II. von Brandenburg, Markgraf Karl II. von Baden, Pfalzgraf Wolfgang von Pfalz-Zweibrücken und Herzog Christoph von Württemberg (vgl. Rudolph Hospinian, Historiae sacramentariae pars altera: de origine et progressu controversiae sacramentariae de coena domini inter Lutheranos, Ubiquistas & Orthodoxos, quos Zvinglianos seu Calvinistas vocant, exortae, ab anno nati in carne Christi Salvatoris M. D. XVII. usque ad annum M. DC. II. deducta, Zürich 1602, fol. 254r). Allein Herzog Johann Friedrich der Mittlere von Sachsen hielt Abstand.

[114] Zur Vorherrschaft melanchthonischer Theologie im Reich bis zum Naumburger Fürstentag vgl. Heinrich Heppe, Geschichte des deutschen Protestantismus in den Jahren 1555-1585, Bd. 1: Die Geschichte des deutschen Protestantismus von 1555-1562 enthaltend, Frankfurt a. M. 1865, S. 142-405. Exemplarisch zeigte sie sich auch beim Wormser Gespräch protestantischer und katholischer Theologen im Herbst 1557. Das Gespräch fand unter Leitung des katholischen Bischofs von Naumburg a. d. Saale, Julius Pflug, statt. Auf evangelischer Seite nahmen Philipp Melanchthon, Johannes Brenz, Erhard Schnepf und Matthias Flacius Illyricus teil. Vgl. dazu Benno von Bundschuh, Das Wormser Religionsgespräch von 1557 unter besonderer Berücksichtigung der kaiserlichen Religionspolitik (RST 124), Münster 1988; Otto Scheib, Die innerchristlichen Religionsgespräche im Abendland, Wiesbaden 2009, S. 224-226.

[115] „Cum sese forte fortuna hic nuncius mihi obtulisset, nolui illum sine meis ad te literis dimittere, quibus si nihil aliud agam, saltem quam grata mihi fuerit superioris anni conuersatio vobiscum, in vrbe Vangionum, testari volui, quum vi-

weniger Jahre wandelte Andreä sich zum Vertreter eines Luthertums, das klare Grenzen gegenüber melanchthonisch-reformierten Tendenzen zog. Diese Entwicklung erfolgte offensichtlich in Reaktion auf den Übergang der Kurpfalz zum reformierten Protestantismus.[116] Auf dem gescheiterten Maulbronner Kolloquium vom April 1564 ist diese Veränderung schon vollzogen.

derem vestros animos eo spectare vnice, vt in tanta animorum distractione, vel mediocris saltem pax et tranquillitas retineatur. Quo magis dolendum est: dum pijssimi Electores et Principes in superiore Conuentu Francofordiae suam quoque coniunxerunt operam, turbulentos Theologos suis clamoribus apud Principes obtinere posse, vt ipsorum quoque suffragijs, quae pie et recte constituta sunt, conuellantur. Sed spero Dominum eis constituisse modum furoris et insaniae. Nam quo alio nomine intempestiuum illud sanctulorum hominum scelus, zelum inquam, exprimam. Redditurі sunt et Deo et hominibus rationem, qui sine causa maiores distractiones facere moliuntur. Nostrae Ecclesiae, beneficio Dei, pacatae sunt, et eum consensum tuebuntur, in quem pij Electores et Principes consenserunt, et quo pacto istorum calumnijs et mendacijs occurrant, modum inuenient et rationem, quam Dominus monstrabit, cuius vinculo spero copulatos nostros animos, etc." (Jakob Andreä an Paul Eber, 17. Juli 1558, zit. in: Hospinian, Historiae sacramentariae pars altera [s. Anm. 113], fol. 255r).

116 Andreäs Autobiographie endet mit dem Jahr 1561. In diesem Jahr absolvierte Andreä eine Reise zum Religionsgespräch von Poissy, über die er ausführlich berichtete. Nach eigener Aussage geriet er 1559 in Verdacht, in der Abendmahlslehre von Luthers Auffassung abzuweichen (vgl. Jakob Andreä, Leben des Jakob Andreae, Doktor der Theologie, von ihm selbst mit großer Treue und Aufrichtigkeit beschrieben, bis auf das Jahr 1562. Lateinisch und deutsch, hg. von Hermann Ehmer, Stuttgart 1991, S. 85-89). Ulrike Ludwig datiert die Abwendung von der melanchthonischen Vermittlungsposition zu spät. Sie sieht als „ein[en] Auslöser für die endgültige Abwendung Andreäs von jeglichem Vermittlungswillen gegenüber den Reformierten [...] das Scheitern des Zerbster Konventes im Jahr 1570" (dies., Philippismus und orthodoxes Luthertum an der Universität Wittenberg. Die Rolle Jakob Andreäs im lutherischen Konfessionalisierungsprozeß Kursachsens [1576-1580] [RST 153], Münster 2009, S. 159). Dagegen spricht schon der Sachverhalt, dass Andreä und andere württembergische Theologen bei dem Maulbronner Kolloquium mit den kurpfälzischen Theologen im April 1564 in Konflikt gerieten und keine Einigung finden konnten.

So hat *Württemberg* im Blick auf die Formierung des Luthertums ebenso eine europäische Bedeutung erlangt wie die *Kurpfalz* als Bastion des calvinistisch-reformierten Protestantismus in den Jahrzehnten bis 1620[117] und die oberdeutsche Theologie *Straßburgs* mit ihrer prägenden Wirkung auf die Reformation Calvins.

3.5 Produktive Kraft konfessioneller Konkurrenz im Südwesten

Der Südwesten blieb auch nach der Bildung der beiden Bekenntnisse 1563 und 1577 – Heidelberger Katechismus und Konkordienformel – ein Zentrum der Reformationsgeschichte. Denn die Kurpfalz wurde nach der Abfassung der Konkordienformel zum wichtigsten frühen Zentrum des Kampfes gegen dieses lutherische Einigungsbekenntnis.[118] Zusammen mit den Erben der

117 Zugleich spannten sich reichs- und europaweite konfessionelle Netzwerke aus, messbar zum Beispiel an der Herkunft der Studenten der Universitäten Heidelberg und Tübingen sowie der Akademie in Straßburg, aber auch etwa am Pfälzer Heiratsverhalten. Zur Kurpfalz vgl. Armin KOHNLE, Die Universität Heidelberg als Zentrum des reformierten Protestantismus im 16. und frühen 17. Jahrhundert, in: Márta FONT/László SZÖGI (Hg.), Die ungarische Universitätsbildung und Europa, Pécs 2001, S. 141-161; Robert ZEPF, Fructus Uberrimi. Die Theologiestudenten von Collegium Sapientiae und Universität Heidelberg 1550-1622, in: KOHNLE/ENGEHAUSEN (Hg.), Zwischen Wissenschaft und Politik (s. Anm. 53), S. 441-454; Magnus RÜDE, England und Kurpfalz im werdenden Mächteeuropa (1608-1632). Konfession – Dynastie – kulturelle Ausdrucksformen, Stuttgart 2007; Anthony MILTON, The Church of England and the Palatinate 1566-1642, in: Polly HA/Patrick COLLINSON (Hg.), The Reception of Continental Reformation in Britain, Oxford 2010, S. 137-165.

118 Vgl. Ursinus' Auseinandersetzung mit der Konkordienformel: [Zacharias URSINUS], Christliche Erinnerung Vom Concordibvch So newlich durch etliche Theologen gestelt vnd im Namen etlicher Augspurgischer Confession verwandten Staende publicirt Der Theologen vnd Kirchendiener in der Fuerstlichen Pfaltz bey Rhein. Auß dem Latein verteutscht vnd an etlichen orten weiter außgefuehrt,

Theologie Bucers in Straßburg, insbesondere Johannes Sturm, organisierten die pfälzischen Reformierten den Widerstand des westeuropäischen Protestantismus gegen das lutherische Konkordienwerk.[119]

Die Auseinandersetzungen im Zuge der innerprotestantischen Konfessionalisierung zwangen zur argumentativen Klärung und Verteidigung der eigenen Standpunkte. Insofern ist eine unmittelbare Folge der Konfessionalisierung die gewaltige Steigerung der literarischen Produktion. Hinzukommen zahlreiche Debatten mit Vertretern des sogenannten linken Flügels der Reformation, Täufern und Spiritualisten. Vor allem aber gab es vielfältige, mit großer Detailversessenheit geführte Auseinandersetzungen mit Vertretern der altgläubigen Theologie, insbesondere den Jesuiten in Mainz[120] und in Molsheim bei Straßburg[121]. Die weit über die Theologiegeschichte hinausreichende kulturgeschichtliche Bedeutung dieses vielfach unter dem Stichwort „polemische/kontroverstheologische Literatur" abgehandelten Schrifttums ist noch längst nicht ausreichend gewürdigt.

Ein besonders eindrückliches Beispiel stellt der ebenso umfassende wie wirkungsreiche, zuerst 1608 und dann mehrfach

Neustadt 1581 [zuerst: De libro Concordiae quem vocant, a quibusdam Theologis, nomine quorundam Ordinum Augustanae Confessionis, edito, Admonitio Christiana (...), Neustadt 1581]. Zur umfassenden Kontroverse in der Kurpfalz vgl. Irene DINGEL, Concordia controversa. Die öffentliche Diskussion um das lutherische Konkordienwerk am Ende des 16. Jahrhunderts (QFRG 63), Gütersloh 1996, S. 92-98. 101-160.

119 Vgl. ebd., S. 39-100. 161-206.

120 Vgl. Tobias DIENST, Die Streitschriften zum Reformationsjubiläum 1617 in Heidelberg und Mainz. Zur produktiven Wirkung konfessioneller Konkurrenz, wissenschaftl. Hausarbeit, Theol. Fakultät d. Univ. Heidelberg 2015.

121 Die von den Jesuiten 1580 in Molsheim gegründete Schule wurde 1618 von dem Straßburger Bischof Leopold von Habsburg zur Akademie erhoben und wurde in der Folgezeit zeitweise bedeutender als die protestantische Universität in Straßburg.

Abb. 17: David Pareus (1548-1622)

nachgedruckte Römerbrief-Kommentar des Heidelberger Theologen David Pareus dar.[122] Schon im Untertitel nennt Pareus das ausdrückliche Ziel, seine Auslegung in der Auseinandersetzung mit dem Jesuiten Robert Bellarmin und anderen zu entfalten. Die Auslegung der einschlägigen Passage Röm 13,1-7 gerät zu

[122] Vgl. David PAREUS, In divinam ad Romanos S. Pauli Apostoli epistolam commentarius, quo praeter accuratam textus sacri analysin atque interpretationem, de quaestionibus controversis DUBIA CLXXIX. Explicantur: & antiqua Romanorum fides adversus nunc-Romanistarum opiniones, praecipue ROBERTI BELLARMINI Iesuitae argutias, et THOMAE STAPLETONI Antidota: nec non SOCINI, ENIEDINI et OSTORODII haereticorum Samosatianorum blasphemias vindicatur, Frankfurt a.M. 1608 [VD 17 12:119329Z]; weitere Ausgaben: s. l. [Genf] 1609; Heidelberg 1609 [VD 17 547:654147P]; Heidelberg/Frankfurt a. M. 1613 [VD 17 7:703306X]; [Frankfurt]: Rosa, 1613 [VD 17 3:305335K]; Genf 1617; Heidelberg ^{3}1620 [VD 17 23:322514T].

einer ausführlichen, bald auch separat gedruckten[123] Erörterung von neun kontrovers behandelten Themen wie zum Beispiel dem Widerstandsrecht oder der Frage der Kompetenz weltlicher Obrigkeit in Religionsangelegenheiten.[124] Ausführlich werden die Argumente Bellarmins dargelegt, teilweise übernommen und zu widerlegen versucht. Ein Ertrag dieser Auseinandersetzung ist zum Beispiel die dann über Hugo Grotius, Johann Gerhard und andere im lutherischen wie im reformierten Protestantismus verbreitete, für das evangelische Kirchenrecht grundlegende Unterscheidung von ius circa sacra und ius in sacra.[125]

[123] David PAREUS, Quaestiones controversae theologicae, de iure regum et principum. Contra Papam Romanum, magnum illum Anti-Christum. Pro […] principe Jacobo Dei gratia Magnae Britaniae, Franciae et Hiberniae rege, fidei defensore: adversus Bellarminum, Becanum et id genus alios Pontificiae aulae parasitastros, Amberg 1612; vgl. David PAREUS, De potestate ecclesiastica et civili propositiones theologico-politicae. Earundemque vindicatio, pietatis ergo instituta a Philippo Pareo, Frankfurt a. M. ²1633; vgl. ferner David PAREUS, Ad Roberti Cardinalis Bellarmini librum De temporali potestate Papae, commentatio, Frankfurt a. M./ Heidelberg 1612.

[124] „1 An Papa & Clerus debeat esse subiectus potestati ciuili?", „2 Vtrum Papa Rom. sit potestas supereminens supra reges & principes?", „3 An omnis potestas sit à Deo ordinata?", „4 An & quatenus licitum sit resistere potestatibus, & Pontifici Romano?", „5 De potestate magistratus ciuilis circa religionem, an sit aliqua, & qualis?", „6 An Ecclesia habeat ius gladij: seu an gladius in Ecclesia Christi esse, & exerceri vindicando & belligerando à Christianis debeat?", „7 An leges Magistratus ciuilis conscientias obligent: & si hae obligant, an etiam leges & traditiones Ecclesiasticae obligent?", „8 Vtrum Ecclesiastici sint exemti tributis?" (PAREUS, Ad Romanos [s. Anm. 122] 1608, f. **ivr).

[125] Vgl. dazu Johannes HECKEL, Cura religionis, ius in sacra, ius circa sacra [1938]. Sonderausgabe (Libelli 69), Darmstadt 1962, S. 53-58. 72-74; Christoph STROHM, Kompetenz weltlicher Obrigkeit in Religionsangelegenheiten. Entstehung und Wirkung von David Pareus' Überlegungen zum Ius circa sacra, in: Robert von FRIEDEBURG/Mathias SCHMOECKEL (Hg.), Recht, Konfession und Verfassung im 17. Jahrhundert. West- und mitteleuropäische Entwicklungen (Historische Forschungen, 105), Berlin 2015, S. 67-83. Der an der Princeton University lehrende Historiker Anthony Grafton hat jüngst in drei in Frankfurt a. M. gehaltenen Vor-

4. Résumé

Es ist sachgemäß, die Reformation in Württemberg und der Kurpfalz sowie in Straßburg als aufs engste miteinander verbunden zu betrachten. Als es in der Kurpfalz in den Jahren 1576 bis 1583 eine kurzzeitige, mit heftigen Auseinandersetzungen verbundene Rückkehr zum Luthertum gab, spielten Tübinger und Straßburger Theologen eine entscheidende Rolle dabei.[126] Kurfürst Ludwig VI. geriet seinerseits in den Sog der Konfessionalisierung, insofern als er sich 1582 gezwungen sah, um der innerlutherischen Solidarität willen das Konkordienbuch zu unterschreiben. Ludwig, der zuvor durchaus Sympathien für das Luthertum Melanchthons zeigte, hat diese als Notwendigkeit empfundene Entwicklung, die ja die Abstoßung des Melanchthonianismus implizierte, mehrfach beklagt.[127]

Die unauflösliche gegenseitige Verknüpfung der Reformation in den Territorien des Südwestens wird an den Lebensläufen und Wirkungsorten der Theologieprofessoren und führenden Theologen der Kurpfalz, Württembergs und Straßburgs sichtbar. Nicht nur das bekannte Beispiel Hieronymus Zanchis, der 1563 wegen der Anfeindungen der Lutheraner Straßburg verließ und nach einer Zwischenstation 1568 nach Heidelberg wechselte, ist

trägen hervorgehoben, dass der konfessionelle Streit das philologische Bemühen um die biblischen sowie andere autoritative Texte und insbesondere die Textkritik erheblich intensiviert habe.

126 Vgl. Wolgast, Reformierte Konfession (s. Anm. 91), S. 74-90; vgl. auch Press, Calvinismus und Territorialstaat (s. Anm. 91), S. 267-298; Hepp, Religion und Herrschaft (s. Anm. 91), S. 97-127.

127 Vgl. Theodor Pressel, Kurfürst Ludwig von der Pfalz und die Konkordienformel, in: Zeitschrift für Historische Theologie 31 (1867), S. 1-112. 268-318. 445-470. 473-604; vgl. auch Volker Press, Die „Zweite Reformation“ in der Kurpfalz, in: Heinz Schilling (Hg.), Die reformierte Konfessionalisierung in Deutschland. Das Problem der „Zweiten Reformation“ (SVRG 195), Gütersloh 1986, S. 104-129, bes. S. 112f.

Abb. 18: Johannes Marbach (1521-1581)

hier zu nennen.[128] Sein großer Gegner, der Präsident des Straßburger Kirchenkonvents Johannes Marbach, war zweimal in der Kurpfalz als Theologe und Kirchenvisitator tätig[129] und hatte

[128] Gegenstand des Streits war neben der Prädestinationsauffassung die Abendmahlslehre. Johannes Marbach plante, Tilemann Heshusens Schrift gegen die Abendmahlslehre Calvins in Straßburg zu publizieren. Der Streit eskalierte, als Zanchi und Johannes Sturm 1560 dies zu verhindern suchten. Der Zusammenhang mit den Auseinandersetzungen um die Abendmahlslehre in Heidelberg 1559, in dem Heshusen der eine der beiden Hauptprotagonisten war, ist offensichtlich. Vgl. auch Christoph STROHM, Art. Zanchi, Girolamo, in: TRE 36, Berlin/New York 2004, S. 482-485, hier: S. 483.

[129] Das erste Mal war er als Visitator bei Ottheinrichs Reformation 1556-1559 tätig, das zweite Mal beim Versuch einer Re-Lutheranisierung unter Ludwig VI. „Ebenso wirkte er in Pfalz-Zweibrücken 1558 als Kirchenvisitator und gab hier den Anstoß zur Gründung der Landesschule in Hornbach durch Pfalzgraf Wolfgang" (Anton SCHINDLING, Art. Marbach, Johann, in: NDB 16 [1990], S. 102f.).

enge Kontakte zu den württembergischen Lutheranern.[130] Dessen Sohn Philipp Marbach hat sogar an allen drei Orten studiert beziehungsweise gewirkt.[131] Der enge Austausch zwischen den Territorien trug ebenso wie die exponierte Lage dazu bei, dass im Südwesten des Reichs früh Modelle der Verhältnisbestimmung von wittenbergisch-lutherischem und zürich-zwinglianischem Protestantismus erarbeitet wurden, mit ganz unterschiedlichem Ergebnis. Sowohl der Ansatz einer Vermittlung im Abendmahlsstreit in Gestalt der Württemberger und dann Wittenberger Konkordie als auch die verschärfte innerprotestantische Konfessionalisierung waren der Beitrag des Südwestens zur europäischen Reformationsgeschichte. Auch das Modell einer oberdeutschen Theologie hat durch den Einfluss Bucers auf Calvin eine umfassende, wenn auch wenig sichtbar gewordene Wirkungsgeschichte entfaltet.

Die Entwicklungen einer verschärften Konfessionalisierung erfolgten angesichts der regionalen Nähe in hohem Maße interdependent und verstärkten sich im Zuge teilweise heftiger po-

[130] Vgl. schon Charles SCHMIDT (Hg.), Der Anteil der Straßburger an der Reformation in der Kurpfalz. Drei Schriften Johann Marbach's, mit einer geschichtlichen Einleitung, Straßburg 1856.

[131] Philipp Marbach (1550-1611) hatte in Straßburg und später in Tübingen (1571) studiert. 1579 ernannte ihn Kurfürst Ludwig VI. zum Professor der Theologie in Heidelberg. Nach dem Tod seines älteren Bruders Erasmus (1593) wurde er dessen Nachfolger als Professor an der Straßburger Akademie. Weitere Beispiele ließen sich anfügen: Petrus Boquinus (Straßburg und Heidelberg), Johannes Brenz (Heidelberg und Tübingen bzw. Württemberg), Martin Bucer (Heidelberg und Straßburg), Martin Frecht (Heidelberg und Tübingen), Johann Jakob Grynaeus (Tübingen und Heidelberg), Johannes Marbach (Straßburg und Heidelberg), Philipp Marbach (Tübingen, Heidelberg und Straßburg), Johannes Pappus (Tübingen und Straßburg), Ludwig Rabus (Tübingen und Straßburg), Erhard Schnepf (Heidelberg und Tübingen), Jakob Schopper (Tübingen und Heidelberg), Daniel Tossanus d. Ä. (Tübingen und Heidelberg), Immanuel Tremellius (Straßburg und Heidelberg), Hieronymus Zanchi (Straßburg und Heidelberg).

lemischer Auseinandersetzungen gegenseitig.[132] Insofern kann man im Südwesten des Reichs die Prozesse, Mechanismen und Motive der Konfessionalisierung in besonders guter Weise beobachten und analysieren. Korrespondenzen als Quellengattung sui generis neben gedruckten Traktaten und amtlichen Quellen besitzen durch ihre vielfache Privatheit eine eigene Aussagekraft. Sie sind darum für die Erforschung der *Prozesse, Mechanismen und Motive der Konfessionalisierung* im Zusammenspiel mit *säkularisierenden Tendenzen* von besonderem Wert.

[132] Vgl. Christoph STROHM, Die Universität Heidelberg als Zentrum der späten Reformation, in: Ulrich WIEN/Volker LEPPIN (Hg.), Kirche und Politik am Oberrhein im 16. Jahrhundert. Reformation und Macht im Südwesten des Reiches (SMHR 89), Tübingen 2015, S. 197-214.

Abkürzungen

Abkürzungen von Buchreihen folgen dem Abkürzungsverzeichnis der Theologischen Realenzyklopädie. Zusammengestellt von Siegfried Schwertner, Berlin/New York ^{2}1994. Darüber hinausgehend werden die unten stehenden Abkürzungen verwendet:

ADB	Allgemeine Deutsche Biographie, 56 Bde., Leipzig 1875-1912; ND 1968-1974 (Online-Ausgabe: http://www.deutsche-biographie.de).
BDS	Martin Bucers Deutsche Schriften, hg. von Robert Stupperich/Wilhelm H. Neuser/Gottfried Seebass/Christoph Strohm, 19 Bde. in 24 Tlbdn., Gütersloh 1960-2016.
Boissard/de Bry	Jean-Jacques Boissard/Theodor de Bry, Bibliotheca chalcographica, hoc est virtute et eruditione clarorum virorum imagines, Tl. 1-5, Heidelberg 1669; Tl. 6: Frankfurt a. M. s.a., Tl. 7: Frankfurt a. M. 1669; Tl. 8: Frankfurt a. M. 1652; Tl. 9: Heidelberg 1664 (MARABU: http://www.uni-mannheim.de/mateo/desbillons/aport.html [2.11.2016]).
CO	Calvini opera quae supersunt omnia, hg. von Johann Wilhelm Baum/August Eduard Kunitz/Eduard Reuss, 59 Bde., Braunschweig/Berlin 1863-1900.
CStA	Calvin-Studienausgabe, hg. von Eberhard Busch u. a., 6 Bde., Neukirchen-Vluyn 1994-2008.
f.	folio/Blatt
HBBW	Heinrich Bullinger, Werke. Zweite Abteilung: Briefwechsel, hg. von Fritz Büsser, Zürich 1973ff.
Inst.	Johannes Calvin, Institutio Christianae Religionis
Inst. 1559	Johannes Calvin, Institutio Christianae Religionis. Ausgabe 1559, in: OS 3-5.

Inst. 1539	Johannes CALVIN, Institutio Christianae Religionis. Ausgabe 1539, in: CO 2.
Inst. [1559] dt.	Johannes CALVIN, Unterricht in der christlichen Religion. Institutio Christianae Religionis, übers. von Otto WEBER, Neukirchen-Vluyn (1955) ^{6}1997.
MBW	Melanchthons Briefwechsel. Kritische Ausgabe. Im Auftrag der Heidelberger Akademie hg. von Heinz SCHEIBLE und (seit Bd. T 11) Christine MUNDHENK, Stuttgart-Bad Cannstatt 1977ff.
NDB	Neue Deutsche Biographie, hg. von der Historischen Kommission bei der Bayerischen Akademie der Wissenschaften, Berlin 1953ff. (Online-Ausgabe: http://www.deutsche-biographie.de).
OS	Joannis Calvini opera selecta, hg. von Peter BARTH/Wilhelm NIESEL/Dora SCHEUNER, 5 Bde., München 1926-36.
reg.	regierend
s.l.	sine loco
TRE	Theologische Realenzyklopädie, hg. von Gerhard KRAUSE u. a., 36 Bde. [und Abkürzungsverzeichnis], Berlin/New York 1977-2004.
VD 16	Verzeichnis der im deutschen Sprachraum erschienenen Drucke des 16. Jahrhunderts
VD 17	Verzeichnis der im deutschen Sprachraum erschienenen Drucke des 17. Jahrhunderts

Abbildungsnachweis

1 [Buchdeckel]	Titelblätter des Heidelberger Katechismus von 1563 in verschiedenen späteren Übersetzungen, in: James I. GOOD, The Heidelberg Catechism In Its Newest Light, Philadelphia 1914.
2	Jean-Jacques BOISSARD/Theodor DE BRY, Bibliotheca chalcographica, hoc est virtute et eruditione clarorum virorum imagines, Tl. 1-5, Heidelberg 1669; Tl. 6: Frankfurt a. M. s.a., Tl. 7: Frankfurt a. M. 1669; Tl. 8: Frankfurt a. M. 1652; Tl. 9: Heidelberg 1664 (MARABU: http://www.uni-mannheim.de/mateo/desbillons/aport.html [2.11.2016]); von links oben im Uhrzeigersinn: Johannes Brenz (1499-1570), in: Boissard/de Bry, Tl. 1-5, f. P3; Daniel Tossanus (1541-1602), in: ebd., Tl. 1-5, f. T3; Lucas Osiander (1534-1604), in: ebd., Tl. 8, f. bbb3; Hieronymus Zanchi (1516-1590), in: ebd., Tl. 7, f. bb4; Johannes Pappus (1549-1610), in: ebd., Tl. 8, f. bbb4; Pierre Boquin (1510/15-1582), in: ebd., Tl. 6, f. I3.
3	Brief des Heidelberger Theologieprofessors Immanuel Tremellius an Konrad Hubert in Straßburg, 23.10.1559, Quelle: Archives de Strasbourg, 1 AST 162/120, p. 320.
4	Der Territorien des Reichs um 1550, in: F. W. Putzgers Historischer Schul-Atlas zur Alten, Mittleren und Neuen Geschichte, bearb. u. hg. von Alfred BALDAMUS/Ernst SCHWABE/Julius KOCH, 41. Aufl., Bielefeld/Leipzig 1918, S. 20f. (http://gei-digital.gei.de/viewer/image/PPN679423346/80/ [26.1.2017]).
5	Der Südwesten des Reichs und die angrenzenden Gebiete um 1550, Ausschnitt aus: F. W. Putzgers Historischer Schul-Atlas zur Alten, Mittleren und Neuen Geschichte,

bearb. u. hg. von Alfred BALDAMUS/Ernst SCHWABE/Julius KOCH, 41. Aufl., Bielefeld/Leipzig 1918, S. 20f. (http://gei-digital.gei.de/viewer/image/PPN679423346/80/ [26.1.2017]).

6 Martin Bucer (1491-1551), in: Théodore DE BÈZE, Les vrais portraits des hommes illustres, Paris 1581, f. G. ij.

7 Johannes Calvin (1509-1564), in: BOISSARD/DE BRY, Tl. 1-5, f. O2.

8 Hinrichtung des Parlamentsrats Anne du Bourg 1559. Illustration von Frans Hogenberg 1570 (https://commons.wikimedia.org/wiki/File:Anne_du_Bourg.gif [26.1.2017]).

9 Tileman Heshusen (1527-1588), Kupferstich aus dem 17. Jh., Universitätsbibliothek Heidelberg, graph. Slg. P_0365

10 Caspar Olevian (1536-1587), in: BOISSARD/DE BRY, Tl. 8, f. fff1.

11 Petrus Dathenus (1531-1588), Porträt v. Aart Schouman, nach einer Vorlage aus dem 16. Jh., Privatbesitz.

12 Zacharias Ursinus (1534-1583), in: BOISSARD/DE BRY, Tl. 8, f. eee4.

13 Titelblatt des Heidelberger Katechismus, in: Catechismus Oder Christlicher Vnderricht, wie der in Kirchen vnd Schulen der Churfürstlichen Pfaltz getrieben wirdt, 3., endgültige Ausgabe, Heidelberg 1563 [VD 16 P 2166]; Universitätsbibliothek Heidelberg: Q 7188-4 B RES.

14 Titelblätter einer singalesischen und japanesischen Übersetzung des Heidelberger Katechismus, in: James I. GOOD, The Heidelberg Catechism In Its Newest Light, Philadelphia 1914, S. 72a u. 96a.

15 Philipp Melanchthon (1497-1560), in: BOISSARD/DE BRY, Tl. 1-5, f. M2.

16 Jakob Andreä (1528-1590), in: BOISSARD/DE BRY, Tl. 8, f. bbb1.

17 David Pareus (1548-1622), in: BOISSARD/DE BRY, Tl. 1-5, f. T4.

18 Johannes Marbach (1521-1581), in: BOISSARD/DE BRY, Tl. 1-5, f. I3.

Personenregister

Namen von Autoren und Herausgebern bis einschließlich des 17. Jahrhunderts sind in jedem Fall aufgenommen. Personen ab dem 18. Jahrhundert werden nur berücksichtigt, soweit sie im Haupttext vorkommen.